AF301818

Bibliografische Information der
Deutschen Nationalbibliothek:

Die Deutsche Nationalbibliothek verzeichnet diese
Publikation in der Deutschen Nationalbibliografie; de-
taillierte bibliografische Daten sind im Internet über
dnb.dnb.de abrufbar.

Herstellung&Verlag: BoD – Books on Demand, Norderstedt

ISBN: 978-3-7448-6439-8

Zum Geleit

Pastor Fritz Bultmann hat sich zweifelsohne um die Gemeinde Ganderkesee und weit darüber hinaus verdient
gemacht. Der Fritz-Bultmann-Platz vor dem Alten Rat-
haus in der Rathausstraße Ganderkesee wurde nach ihm
benannt. Die vorliegende Schrift, die partiell in ähnlicher
Form auch in Bultmanns Buch *Die Geschichte der Gemeinde Ganderkesee und der Delmenhorster Geest* (1952)
veröffentlicht wurde, soll nach nahezu 60 Jahren einem
neuen, großen Kreis interessierter Leserinnen und Lesern den Zugang zu Bultmanns Werk und unserer schönen Heimat eröffnen können.

Geschichte erweist sich dabei niemals als alt,
sondern immer als richtungsweisend – wo, woher, wo-
hin? – aus der Gegenwart in die Vergangenheit aber auch
in die Zukunft hinein. Das *Heute* allein kann nicht erklären. Damit gibt das Wissen um unsere Geschichte stets
wertvolle und sinnstiftende Orientierung. Diesen Halt
findet und gibt Bultmann nicht nur in der Geschichte,

Friedrich „Fritz" Rudolf Adolf Bultmann (* 1882 in Holle, bei Hude, † 1971 in Ganderkesee), Sohn von Christian Friedrich Bultmann und Emma Stern, 1909 Heirat mit Friederike Dannemann (Stuhr), Studium der Theologie, erster Bürgermeister Ganderkesees nach dem zweiten Weltkrieg, Autor des Heimatbuches Geschichte der Gemeinde Ganderkesee und der Delmenhorster Geest (1952) und der vorliegenden Arbeit von 1959, Ganderkeseer Original und Vorbild.

Die vorliegende Veröffentlichung stellt nach bald 60 Jahren Bultmanns Büchlein von 1959 erstmals wieder einer möglichen größeren Leserschaft bereit. Genau hierin liegt das vornehmliche Ziel dieser Arbeit. Wenn es neben dem Vergnügen der Lektüre gelingt, auch nur einigen wenigen Leserinnen und Lesern durch die Lektüre den Keim des Forscherdranges einzupflanzen, dann ist noch so viel mehr erreicht. Hier sei die Leserschaft aufgerufen, sich auf Entdeckungsreise begeben und die Gegenwart mit der hier dargestellten Vergangenheit zu verbinden. Seit 1959 haben sich die Welt und mit ihr die Geschichte verändert. Denn wie die Gegenwart ihre Bedeutung aus der Geschichte erhält, so erhält die Geschichte ihre Bedeutung aus der Gegenwart.

war das Licht der Menschen.

Hier sehen wir die Verbindung zu **Jesus** als *logos*, (griechisch λόγος = Wort) und Gottes Sohn. Johannes schreibt weiter (10, 30): *Ich und der Vater sind eins.* Damit ist auch Jesus das *ewig junge Wort*, die gleichsam über der Zeit stehende Quelle, eine die Zeit durchdringende (transzendierende) Wahrheit. Ebenso steht auch in 2. Mose 3,13–14:

> *Da sagte Mose zu Gott: Gut, ich werde also zu den Israeliten kommen und ihnen sagen: Der Gott eurer Väter hat mich zu euch gesandt. Da werden sie mich fragen: Wie heißt er? Was soll ich ihnen darauf sagen? Da antwortete Gott dem Mose: Ich bin der «Ich-bin-da».*

Auch das *Ich bin da* verweist auf das Ewige, das absolut Gegenwärtige als Wesenheit Gottes und Jesu. Es geht nicht um den Ort oder die Zeit des Daseins. Es geht um das *Sein*, unabhängig von Raum und Zeit. Doch hier stoßen wir an die Grenzen des menschlichen Denkens. Widersprüche lassen sich hier nicht mehr auflösen. Dies entspricht dem Wesen Gottes als *coincidentia oppositorum*, dem Zusam-

sondern ebenso in *„dem alten und doch ewig jungen Wort“* (Bultmann, 1952, S. 163) Gottes.

Das *alte* Wort meint hier jedoch nicht etwa das vergangene, veraltete Wort. Durch das *und* drückt Bultmann die Verknüpfung mit der Gegenwart aus; eine Verknüpfung, die in Verbindung mit dem *ewig jungen* weiters nicht bloß auf die Gegenwart verweist, sondern ebenso in die Zukunft. Denn *ewig* bedeutet nicht nur unendlich. Es bedeutet vielmehr auch immerwährend, zu jeder Zeit *jetzt* und *unmittelbar*, sodass *ewig* gleichsam jenseits der Zeit eine *absolute* Gegenwart darstellt. Und diese Gegenwart ist immer neu und immer verändert, jung und frisch – gleich einer sprudelnden Quelle. Dies ist das ewig junge Wort Gottes. Im Wort sehen wir jedoch nicht nur ewige Wahrheit des Gesagten und Geschriebenen. Vielmehr verweist der Begriff des Wortes auch auf das Evangelium nach Johannes (1,1–4):

> *Im Anfang war das Wort, und das Wort war bei Gott, und Gott war das Wort. Dasselbe war im Anfang bei Gott. Alle Dinge sind durch dasselbe gemacht, und ohne dasselbe ist nichts gemacht, was gemacht ist. In ihm war das Leben, und das Leben*

menfallen der Gegensätze. So konnte Jesus sagen (Offenbarung 22, 13):

Ich bin das Alpha und das Omega, der Erste und der Letzte, der Anfang und das Ende.

Und so fallen hier Glaube und Geschichte zusammen. Vielleicht hatte Pastor Bultmann dies im Sinne, als er 1952 sein Werk *Ganderkesee's Geschichte – Geschichte der Gemeinde Ganderkesee und der Delmenhorster Geest* verfasste. In jedem Falle war es sich stets bewusst, welche Bedeutung wir der Geschichte in unserem Leben – nicht nur – in der Gemeinde beimessen sollten. So mahnt er die Leserinnen und Leser am Ende der vorliegenden Arbeit von 1959:

„Vergeßt aber nicht, die ihr dies lest, zweierlei:
1. Seit den Tagen, da der Urmensch, dem Sturm und dem Eise trotzend, sein Leben wider grimme Wölfe, Bären und Auerochsen einsetzte, haben viele Geschlechter mit Urwald und Unkraut, mit Brand und Mord, mit Seuchen und Hunger gerungen, damit ihr heute in Gemächlichkeit eures Lebens froh werden könnt.

2. Wir haben den schuldigen Dank dafür zu erstat-
ten, indem wir den kommenden Geschlechtern un-
versehrt, ja womöglich noch verbessert, weiterge-
ben, was wir empfangen haben: unsere Heimat".

𝔉. 𝔅.

Das maschinengeschriebene Originalmanuskript erschien
1959, herausgegeben vom Kreislehrerverein Delmenhorst. <u>Unterstrichene</u> Wörter wurden – außer den Über-
schriften – in der vorliegenden Überarbeitung *kursiv* gesetzt. Zeilenumbrüche wurden eingerückt, Absätze vergrößert. Mehr als 160 wertvolle Fußnoten insbesondere
mit etymologischen Erläuterungen sowie Zeilennummern
zur Orientierung bei Textarbeiten wurden hinzugefügt.

Ganderkesee im September, 2017 — *Lars Tischler*

Lars Tischler, geb. 1973 in Delmenhorst, ist in Gan-
derkesee aufgewachsen und dort nach der Vorschule
in Hengsterholz bis zur Oberstufe zur Schule gegan-
gen. Die allgemeine Hochschulreife erlangte er 1992
am Delmenhorster Willmsgymnasium. Tischler ist
promovierter Psychologe, Dr. phil., und lehrt derzeit
in Hamburg an einer privaten Universität.

Dat is kaan Kunst büm to wahn

Cruten woll ut te blaun

meiner schönen Heimat

Aus der Geschichte

der

Delmenhorster Geest

VON

PASTOR BULTMANN

GANDERKESEE

HERAUSGEGEBEN VOM KREISLEHRERVERBAND DELMENHORST
(1959)

Inhalt

Die Seitenzahlen der 1959er Publikation von Bultmann befinden sich in geschweiften Klammern {2} im Fließtext.

Die Delmenhorster Geest

streckt sich als ein Ausläufer der hohen Geest[1] von Wildeshausen[2] wie eine Halbinsel in das tiefe Moor- und Marschgebiet zwischen Weser und Hunte. Die Bahn Bremen—Oldenburg läuft von Delmenhorst bis Hude[3] genau an dem oft steilen Abhang entlang. Zur Linken siehst du

1 „also vast dat halve landt ... geest, dat is sandig, holtig und heide is"; Walther, A. H. (1638, S. 2). Dithmarsische chronick, darinn nebenst der landes beschreibung die geschichte, so sich vor erlangeter, bey gehabter und nach verlohrener freyheit des Dithmarscher landes begeben, in drey büchere. Schleswig; auch gêst, göst, gheest, geist – im Gegensatz zum tiefergelegenen, sumpfigem Marschland. „In oldenb. urk. aber heißt es gast unde marsk" (Grimm & Grimm, 1878, Bd. 4, Sp. 2057); „altes, hohes, trockenes sandland, welches hauptsächlich zum getreidebau dient (ebd., S. 2058).

2 „Wildeshausen hieß Wigaldshusen und verrät, daß es von einem Wigald gegründet ist" (Bultmann, 1952, S. 30).

3 Hude = Landungsstelle für Schiffe, vgl. Fischerhude (s. Bultmann, 1952, S. 186). Müller nimmt mit der Bremischen Deutschen Gesellschaft (1767, II. Theil, S. 664) an, Hude entspreche Huda = Hütte, Wohnung, zu hüden = verbergen (s. Müller, 2002, S. 64f.).

das wellige Geestgelände mit Äckern, Weiden, Gehölz,
Ton- und Sandlagern, zur Rechten weite, ebene Grünflä-
chen, zunächst Moor, dahinter die Marsch, aus der von
10   ferne der Berner Kirchturm grüßt.

Die Geest besteht aus Ablagerungen der Gletscher, die zur *Eiszeit* Unmengen von Felsbrocken mit-
brachten. Diese Brocken stammen von den nordischen
Gebirgen und zeigen z. T. noch die Schrammen, die sie auf
ihrer Reise bekommen haben. Eisdruck, Frost und dann
die nagenden und scheuernden Fluten der Schmelzwas-
ser haben die Felstrümmer zu Geröll, Kies, Sand und
Lehm vermahlen. Aus Sandstein ward Sand, aus Granit
Lehm.

20   100 bis 700 m hoch lagerte sich dies "Ge-
schiebe" der Eiszeit (das Diluvium[4]) über dem gebirgigen
Untergrund und ließ eine weite Ebene zurück, die von
den Gletscherströmen und Bächen modelliert wurde. Wo
das Geröll sich anhäufte, spricht man von Moränen.
Große Brocken stecken noch in der Tiefe – zum Kummer
oft des Brunnenbohrers und Kuhlengräbers. Soweit sie

---

4   lat. diluvies, ei f: Überschwemmung, Wasserflut,
Vernichtung, Verderben, Sintflut

an der Oberfläche liegen ("Findlinge"[5]), haben sie den ersten Siedlern zu Grabkellern ("Hünengräber[6]"), späte-

5   Findlinge „heiszen auch in dem sand und schuttlande zerstreut liegende gesteinsblöcke, durch fluten oder eisschollen dahin getragen: findlinge nennt man sie, weil von der brust der mütterlichen sie gerissen sind" (Grimm & Grimm, 1878, Bd. 3, Sp. 1649).

      „Das Volk hatte schon frühzeitig erkannt, daß diese einsam und freiliegenden Blöcke nicht von Anfang an auf dem Boden, wo sie jetzt liegen, gelegen haben können und suchte sich ihr Dasein zu deuten. ... [Der Teufel] griff zu solch gewaltigen Schleudersteinen, um die ihm verhaßten Kirchen ... zu zerstören. ... Glockenklang und Hahnenkrähen kann der Teufel nicht vertragen; man wird deshalb zu den Teufelssteinen wohl auch die Findlinge zählen können, die sich umdrehen, wenn sie dies hören. Ein solcher liegt z. B. bei Vehta in Oldenburg; nach dem Volksglauben dreht er sich dreimal herum, wenn des Bauern Beneke Hahn kräht" (Bächthold-Stäubli, 1930, Bd. 2, S. 1476f).

6   Hüne, Hiune, Hûn: die Hunnen, Hünen – aber der Begriff ist „seit dem 13. jahrh. auch auf den eines riesen übertragen worden" (Grimm & Grimm, 1878, Bd. 10, Sp. 1942).

      Bultmann (1952) schreibt hingegen: „ Der Volksmund nennt die Hügel Hünengräber und denkt bei Hünen an Riesen oder Helden. Hünen sind aber im alten Sprachgebrauch die Toten; das Totenhemd heißt Hännekleed" (Bultmann, 1952, S.

3

30 ren Geschlechtern zum Fundament ihrer Kirchen, Häuser, Scheunen und Schafställe gedient, auch zur Umwallung ihrer Höfe und Kirchhöfe. Im vorigen Jahrhundert hat man viele gesprengt und nebst dem Geröll zu Straßenpflaster verwandt. Unsere Zeit nahm vom Rest gern welche zu Denksteinen auf Friedhöfen und Ehrenstätten für Kriegsopfer. Nur wenige, wie der Hexenstein bei Wehe[7], liegen noch unberührt. Nach der Eiszeit – es mögen 20 000 Jahre her sein – kam eine windige Trockenzeit, die den Sumpf (Tundra) in Steppe verwandelte. Der Flugsand häufte sich zu steinlosen Dünen, wie wir sie

40 heute noch zahlreich und jetzt gewöhnlich mit Fuhren[8]

19).
    Müller (2002) führt aus: „Hüne, Heune =1. ein Toter (ursprünglich). 2. ein Riese, ein großer Mann. 3. eigentlich bedeutet es (nach dem Niederdeutschen Bremischen Lexicon von 1767) einen Hunnen oder Wenden ... Tatsächlich [wird der Begriff] ... abgeleitet ... von Huen = Toter, „die Totengräber" (Müller, 2002, S. 65).
    „Daher heißen Hünen-Gräver die alten heidnischen Grabmäler" (Bremische Deutsche Gesellschaft, 1767, II. Theil, S. 671).

7   Ortsteil von Dötlingen in der Wildeshauser Geest

8   pinus silvestris = Waldkiefer, „für fohre, föhre ... vorhe" (Grimm & Grimm, 1878, Bd. 4, Sp. 425).

bepflanzt vorfinden.

Wo die letzten Eisberge abschmolzen, blieben flache, runde Tümpel, die Schlatts[9]. Schon beim Weichen der Gletscher sammelten sich Herden bepelzter Elefanten, Nashörner, Elche, Auerochsen, Wildpferde, Rentiere, Hirsche und Kleinwild auf den begrünten Flächen, verfolgt von Löwen, Bären und kleinerem Raubzeug. Sie alle aber jagte der Mensch, der in kleinen Trupps den Flüchtenden folgte. Daher kam er noch nicht zu festen Siedlungen, mußte sich mit schnell errichteten Strauchhütten behelfen. Seine Waffen waren grob {1} bearbeitete Stücke von Holz, Stein, Knochen, Geweihen: Alt-*Steinzeit*, bis

50

---

9   Ein Schlatt (Slat) „ist ein Oberflächengewässer, das keine Verbindung mit dem Grundwasser hat und ausschließlich durch Oberflächenwasser gespeist wird, dadurch sehr nährstoffarm ist und auch zeitweilig trocken fallen kann. ... Schlatt ist die hochdeutsche Form des niederdeutschen Slat = moorige Vertiefung (in der Heide)" (Müller, 2002, S. 88f; s. auch und besonders Müller, 2009).

    Als Besonders geschützte Biotope gemäß § 28a Niedersächsisches Naturschutzgesetz (NNatG) ist ihre Zerstörung oder erhebliche Beeinträchtigung gesetzlich verboten. „Dies gilt auch, wenn der besonders geschützte Biotop noch nicht in das Verzeichnis geschützter Teile von Natur und Landschaft ... eingetragen worden ist" (ebd., Abs. 2).

etwa 8 000 vor Christus.

Nach der Steppenzeit kam ein Klima, ähnlich dem heutigen. Wald wuchs auf, das Wild ward weniger, die Menschen mehrten sich. Wollten sie dem Hunger wehren, mußten sie zu Ackerbau und Viehzucht übergehen. So wurden sie seßhaft, erbauten sich Fachwerkhäuser, zähmten Rind und Schaf und erfanden den Pflug, den sie mit Rindern bespannten. Er ersetzte ihnen die Hacke. Ihre Dörfchen, 6 bis 12 Höfe umfassend, standen auf den hohen, trockenen Stellen zwischen Wald, Busch und Sumpf, aber in der Nähe fließenden Wassers. Seßhaft geworden, bereiteten sie nun auch ihren Toten feste Stätten, die Großsteingräber (Hünengräber, auch Ganggräber genannt, weil sie einen Zugang hatten). Sie wurden als Leichenkeller benutzt. Die Leichen wurden in Hockerstellung[10] oder gestreckt verschnürt hineingelegt, eine neben der anderen. War ein Keller gefüllt, so kehrte man die Gebeine in die Ecke und benutzte ihn von neuem, oder man verschloß den Eingang und legte in der Nähe einen neuen Keller an. In Stenum und Kimmen finden wir

10 Bestattung mit angezogenen Knien, verbreitet um 2500 v. Chr.

noch deutliche Reste solcher Gräber, geringe Spuren bei allen alten Dörfern. Die besterhaltene Gruppe von Steingräbern seht ihr bei Düngstrup in der Kleinenknetener Heide.

Die Fortschritte im Wohn- und Landbau fördern auch die Kunst. Die Steingeräte sind jetzt fein und zierlich behauen, man formt und verziert irdene Gefäße, z. T. mit Deckel und Henkel (Urnen). Später findet sich geschliffenes Gerät, durchbohrte Steinäxte, auf der Töpferscheibe geformte Gefäße. Wir scheiden von der Altsteinzeit seit 8 000 die mittlere und seit 3 000 die Jungsteinzeit. Dann kam

die Bronzezeit.

Um 2 000 v. Chr. wurde das Klima milde, der Boden
fruchtbarer. Das zog von Süden Zuwanderer an. Von
ihnen lernte man Metall gewinnen und bearbeiten, und
zwar zunächst das weiche, leicht schmelzbare Kupfer
und Zinn. Dessen Mischung ergibt die härtere, goldfun-
kelnde Bronze, auch Erz genannt (Glockenerz). Der
wachsende Wohlstand zeigt sich in Lederwaren, seinen
Kleidern (früher aus Fellen und sackartigem Gewebe),
kunstvollem Bronzegerät, Schnallen, Broschen und Filig-
ran, Glasfluß, Edelstein. Gold und Silber wird aus Irland
und Siebenbürgen eingeführt, dafür Bernstein ausge-
führt. {2} Auch Glaube und Sitte ändern sich. Statt ins
Massengrab der Steinzeit legt man den Toten in einen
Sarg, deckt ihn mit einem runden, 2 m hohen Hügel, den
ein Steinkranz umfaßt. Bald geht man zur Brandbestattung über. Eine umsteinte Urne enthält die Asche, darüber hebt sich der Hügel. Wir finden ganze Felder solcher

Hügel, z. B. bei Feldhake[11], Meierhafe[12], Stenum[13], Habbrüggen[14], Pestrup[15].

11 In Feldhake bei Klattenhof befindet sich auch das Denkmal für den Wilddieb Hinrich „Hasen-Ahlers" Ahlers (1831—1913).

12 Meierhof; der Meier war der Verwalter des Herrenhofs, Have = Hof; Laßbauern (s. Fn. 17); „Laßbauern, ... [die] ihre ursprünglich freie Bauernstelle einem Edeling gelassen hatten, um sie dann als Pächter (‚Meier') wieder zu empfangen.· Dafür übernahm der Herr ihren Schutz und vertrat sie im Thing [Gericht] und im Kriege; sie waren militärfrei. Ihr Halbfreiheit war Hörigkeit, d. h. sie konnten nur mit Erlaubnis ihres Herrn von ihrer Stelle abziehen. Für diese Erlaubnis hatten sie in der Regel eine hohe Summe zu zahlen" (Bultmann, 1952, S. 30).

13 „früher Stenem(e) (Steinheim), hat den Namen von dem Großsteingrab" (Bultmann, 1952, S. 207, vgl. ebd. S. 18).

14 Hagebrügge, Hachbrügge; Hagen = Hecke, eingezäunter Ort; „hagen bedeutet den lebendigen zaun, der ja vorzüglich aus dornichtem Gebüsch angepflanzt wird" (Grimm & Grimm, 1877, Bd. 10, Sp. 150), s. auch *Wallhecke* (etwa Müller, 1989) Brügge = gepflasterte Furt (s. Bultmann, 1952, S. 42, 193).

15 Trup = Dorf; Pes vielleicht von Baas = Führer, vgl. Bestrup, Bastrup = Bergedorf (s. Bultmann, 1952, S. 15, 188).

Hie und da ist ein Hügel breiter und höher als seine Nachbarn, ein Zeichen daß schon Vornehme sich über die Genossenschaft erhoben. Ein Häuptling herrschte im Dorf, sein Haus übertrifft die anderen. Die Götter aber, die man verehrt, sind nicht mehr wie vor Alters unheimliche, oft tückische Naturgeister, die im Wald, Fels, Moor oder Teich hausen und mit Opfern begütigt werden, sondern gütige Himmelsmächte, Spender der Fruchtbarkeit, friedliche Bauerngötter, Wanen[16] genannt: Donar, der Gott der Männer, vertrieb die Eisriesen (den Winter) im Frühlingsgewitter und gab fruchtbaren Regen. Sein Tier war der Ziegenbock, dessen Gebahren und zottiges Fell als Abbild der Wetterwolken galt. Seine Gattin war Freia, auch Hulda (Frau Holle) oder Bertha (die Glänzende, die Sonne) genannt. Sie schirmte das Herdfeuer, war den Frauen hold, segnete die fleißigen Spinnerinnen (Goldmarie). Ihr war die Kuh heilig. Kühe zogen den Wagen mit ihrem Bild, der goldenen Sonnenscheibe, im Frühling durchs Land, daß sie es segne.

16 Die Götterwelt der Germanen bestand aus Riesen, Asen und Wanen.

Die Eiszeit

Seit etwa 800 v. Chr. wurde das Klima wieder rauh. Auch die Menschen wurden härter. Germanische Stämme drangen vom Süden donauaufwärts ins Land, beritten und mit Streitwagen ausgerüstet. Eisenwaffen führend, waren sie den Bronzeleuten überlegen und wurden die Herren im Land, die Edelinge[17].

Ihre Götter waren Kriegsgötter, Ansen oder Äsen genannt. Ihnen mußten die Wanen weichen, sich mit minderen Plätzen im Götterhimmel begnügen. Hauptgott wurde Wodan, im Norden Odin genannt, der Totengott, blutdürstig, tückisch, forderte er Menschenopfer und war unzuverlässig wie das Glück der Schlachten. Einer seiner Verehrer gab nach einer Niederlage seinem Groll Ausdruck in dem Spruch:

---

17 Man unterschied in der Folge vier Stände: Die Edelinge (Herrenschicht), die Freien (Bauern), die Halbfreien, „ohne Waffen und Stimmrecht, Laten oder Liten genannt, daher der Ausdruck ‚Leute‘ (Laßbauern; s. Bultmann, 1952, S. 30) und die Sklaven (Leibeigene, Kriegsgefangene).

Könnt ich ihn fassen,

den Leutebetrüger,

den Mädchenverführer,

ich zerkrallte ihn

wie der Kater die Maus! {3}

Sein Wissen hatte Wodan dem Zwerg Allwiß abkaufen und dafür ein Auge zahlen müssen.

Mit den Toten machte man nicht mehr viel Umstände. Anfangs grub man die Urnen mit ihrer Asche oberflächlich in die alten Grabhügel, dann reihenweis 1 bis 2 Fuß tief in Friedhöfen ein. Die Brandbestattung hat erst Karl der Große[18] wegen der damit verknüpften heidnische Bräuche bei Todesstrafe verboten.

Seitdem herrscht die heutige Sitte der Beerdigung, doch hat man in unserem Jahrhundert die Feuerbestattung wieder erlaubt. Die schwertgewohnten Germanen waren auch noch nach ihrer Ansiedlung leicht bereit, ihren Erwerb statt redlicher Arbeit durch Überfall und Plünderung zu gewinnen. Im Übrigen lagen sie der Jagd

18 * 747/8, † 814, Krönung zum Kaiser am 25. Dezember 800 n. Chr.

160 ob, die Bauernarbeit überließen sie den Frauen und Sklaven.

Die *Dörfer*, eng zusammengebaut, schützten sich durch Wall und Graben, auf dem Wall zog man eine dichte Hecke, den Thun[19] (Zaun). Nur zwei gut verrammelte Tore wurden geduldet. Diese Umfriedigung diente nicht nur zum Schutz gegen Feinde, sondern hielt auch das Vieh im Dorf beisammen, wo es frei umherlief, da man weder Ställe noch Düngewirtschaft[20] kannte.

Das *Haus* bestand aus zwei Reihen von Ständern, in die
170 Länge und Quere durch Balken verbunden. Auf den Enden der Querbalken waren Dachsparren aufgesetzt.

19 Heidenwall, Delthun: „Auf dem Wall stand als Brustwehr ein geflochtener Zaun (Thun), der Wall befindet sich in einer Niederung (Dehle), daher der Name Dehlthun" (Bultmann, 1952, S. 16). Müller (2002) schreibt hierzu: „Der Heidenwall bei Delthun wurde als Fluchtburg (Heinrichsburg) um 900 n. Chr. Erbaut" (Müller, 2002, S. 58). Der Wall ist heute mit seinen großen Bäumen gut von der Delthuner Straße aus zu sehen.

20 Pastor Rudolf Collmann (* 1823, † 1913) „lehrte hier die Bauern die Heide mit Hilfe von Kunstdünger kultivieren und bekämpfte das Plaggenmähen" (Bultmann, 1952, S. 81).

Diese trugen ein Dach aus Reith, Stroh oder Plaggen[21]. So diente das Haus, Menschen und Ernte zu bergen. Jede Ständerreihe verband man durch Querriegel, setzte diesen Staken[22] ein, die man mit Stroh oder Strauchwerk um*wand* (daher "die Wand"[23]) und mit Lehm verputzte. Es war ein Einraumhaus. Erst in den Zeiten der Völkerwanderung begann die Errichtung von Sonderraum für die Menschen, und zwar war der erste Raum – eine Badestube. Allerdings nicht in unserem Sinn, sondern für Dampf eingerichtet, also eine Sauna. Früher hatte man sich nackt auf die Balken über der Diele gesetzt, wo man über einem Haufen Steine ein Feuer abgebrannt hatte, begoß die glühenden Steine mit Wasser und schwitzte sich in dem aufstiebenden Dampf aus. Jetzt fand man es

180

21 Plaggen sind gestochene Gras- oder Heidenarben, die auch zum Düngen oder wie Torf als Brennmaterial eingesetzt wurden.

22 Staken sind lange Holzstangen, wie sie auch zum Abstoßen eines Bootes auf dem Grund oder am Ufer zur Fortbewegung benutzt werden.

23 wohl zu „lat. viere, flechten, binden" (Grimm & Grimm, 1922, Bd. 27, Sp. 1472); ethymologisch verbunden mit winden

sparsamer und ergiebiger, eine Ecke hinten im Hause ab-
zukleiden und einen Backofen aus Steinen und Lehm hin-
einzubauen, der von der Diele aus geheizt wurde. Dann
setzte man sich an den Ofen und begoß ihn. Von dem
190 Dunst, der auf*stob*, hat dieser Raum den Namen Döns[24]
oder Stube[25] bekommen, den dann andere Wohnräume
von ihm übernahmen. Nun gönnte man auch dem Vieh
ein Obdach: Die Wand zwischen den Ständern wurde,
niedriger als bisher, weiter hinausgerückt, die Sparren
durch schwächere und flacher gelegte Balken (to-
Spären[26]) verlängert, so daß das Dach bis auf die neuen,
niedrigen Außen-{4}wände beiderseits der Ständerrei-
hen hinabgezogen werden konnte. In diese neuen

24 Döns = unter; „Es ist ein hannöverisches Wort. Von
    dem veralteten donen, sinken, abhellen, declivem
    esse" (Bremische Deutsche Gesellschaft, 1767, I.
    Theil, S. 182, 229); Donse = Stube (vgl. daren = dör-
    ren, trocken machen)

25 stoben = schmoren, dämpfen (jedoch wahrschein-
    lich nicht stieben vom stiebenden Dampf des Was-
    serbades); vgl. auch Stövchen, evtl. vulgärlat. tufus
    = Rach, Dampf (Grimm & Grimm, 1942, Bd. 20, Sp.
    157f)

26 zusperren

Räume, "de Utkübbung[27]", stellte man das Vieh ein, in ih-
rem oberen Teil, der Hille[28], brachte man Futter, Torf,
Hühner unter. So gewann man dreierlei: Viehschutz,
Dünger, Wärme. Den Giebel überragte das heilige Zei-

27 Die Kübbung ist das Seitenschiff des niedersächsi-
schen Bauernhauses (Hallenhaus).

28 Die Hille meint den Raum unter den seitlichen, fla-
cheren Dachteilen über der Kübbung: „in den Bau-
ernhäusern, der Ort über den Viehställen, wo ge-
meiniglich das Gesinde [Dienstvolk, Hausgesinde,
weggenosse zu althochdeutsch *sind, sindt* = Weg,
Reise; *die zu einem hauswesen gehörende gesamte
dienerschaft* oder *alle unter einem haushaltungs-
vorstande vereinigten hausangehörigen*; Grimm &
Grimm, 1877, Bd. 10, Sp. 668] und die Kinder
schlafen, und wo Heu, Stroh, Feurung u. s. w. hin-
auf geworfen wird" (Bremische Deutsche Gesellschaft, 1767, II. Theil, S. 631).

chen der Wanenzeit, die Holzsäule[30], Sinnbild der Welt-
esche[29]. Wo Sachsen zuwanderten, brachten sie Pferde-
köpfe[30] an, ihr Gott war der Reiter Wodan[31]. Sehen wir

29 *Yggdrasil*, Weltenbaum als Sinnbild des gesamten
     Kosmos in der germanischen Mythologie

30 „Seit 200 n. Chr. kamen die Sachsen von Holstein
     herüber. Sie schlossen die Völkerschaften Nieder-
     sachsens und Westfalens zum großen Sachsen-
     bund zusammen. Ihr Kurzschwert, der Sax, gab den
     Namen. Der Bund teilte sich in Westfalen, Engern
     und Ostfalen. Den Engern gehörte das Gebiet zwi-
     schen Hunte und Weser. Ihr Wahrzeichen ist der
     Pfahl, der den Dachfirst am Giebel überragt (Sinn-
     bild der Eibe). Die Westfalen haben am Giebel die
     Pferdeköpfe auswärts, die Ostfalen (Hannover)
     einwärts gerichtet. Ihr Hauptgott war Wode (Wo-
     dan) „der Leichenfresser", der im Sturm auf acht-
     beinigem Ross einherfährt, die toten Seelen sam-
     melt und ins Totenreich (Hel, Helle, d. h. das Ver-
     hehlte, Verborgene, Name auch für versteckt lie-
     gende Ortsteile) führt. Die Römer nennen ihn da-
     her Merkur. Ihm war das Pferd heilig. Beim Haus-
     bau ward ihm ein Pferd geopfert, der Schädel an
     den Giebel geheftet. Daher später, als Karl der
     Große das Opfern verbot, die hölzerne Giebelzier.
     Daher auch der Name Ost= und Westfalen, denn
     Fahlen, Fohlen hießen bei ihnen die Pferde. Die
     Sachsenfürsten, die seit 449 n. Chr. Südengland er-
     oberten, trugen Pferdenamen: Hengst und Horsa.
     Das Wappentier unseres Landes wurde das sprin-
     gende Roß. Da die Sachsen als Herrenschicht ins
     Land kamen, suchten sie sich natürlich die besten

uns außerhalb des Hauses um, so gewahren wir nur einen kleinen, eingefriedigten Eichenhof und einen kleinen Kohlhof hinter dem Hause. Wind- und Feindschutz schrieben eine gedrängte Bauweise vor. Jenseits der Dor-

fumwallung (des "Thuns" oder "Hagens") lagen Gärten, Wühren[32] genannt, dann kam die gemeinsam kultivierte Ackerflur[33], der Esch[34], in drei, sechs, neun oder gar zwölf

Stellen aus. So verstehen wir, warum bei den Engern ein anderes, älteres, heiliges Zeichen, der Pfahl, als Giebelzier erhalten blieb. Unsere magere Geest lockte die Sachsen nicht" (Bultmann, 1952, S. 28f).

31 = Odin
32 „Mit dem Worte Wühren belegt man in unserer Gegend überhaupt tief gelegene, morastige, oft noch im Hochsommer unter Wasser stehende Grundstücke" (Buchenau, 1862, S. 188).

33 Flur: von mittelhochdeutsch vlour = „Boden(fläche), Saatfeld ... das offene, unbewaldete Kulturland einer Siedlung" (Wissenschaftlicher Rat & Mitarbeiter der Dudenredaktion, 1976, Bd. 2, S. 871)

34 Esch = Acker; Saatfeld, Flur – althochdeutsch ezisc, gotisch atisk; „von der wurzel itan, ëzzan edere, weil man die saat oder frucht iszt. ... Hieraus erhellt, dasz das oder der esch bezäuntes saatfeld war" (Grimm & Grimm, 1862, Bd. 3, Sp. 1140). „Es ist das älteste feste Pflugland und zugleich das fruchtbarste Ackerland" (Müller, 2002, S. 44).

Schläge[35] eingeteilt, von dem jede Hofstelle in jedem Schlag ihren Anteil hatte. Die Dreiteilung war nach damaliger Wirtschaft nötig. Man wechselte nämlich mit Winterfrucht, Sommerfrucht, Brache[36], um den Boden nicht zu erschöpfen, da der Dünger nur für einen Schlag

35 „Die ganze Fläche konnte nun mit vereinten Kräften und wenig Mitteln gegen das Vieh eingehegt werden. Sie trug Winterfrucht. Ein zweites Feld oder Feldteil trug Sommerfrucht. Jenes konnte also im Spätsommer, dieses im Herbst beweidet werden. Ein drittes Feld hatte zwei Jahre getragen, einmal Winter-, einmal Sommerfrucht, im dritten Jahr lag es in Dreschen (Brache) und wurde bis zur Aberntung des ersten Feldes beweidet, dann für neue Winterfrucht zurecht gemacht. So zerfiel das gesamte Ackerland einer Dorfschaft in drei Schläge (*Schlagwirtschaft*). Mit der Zeit kultivierte man mehr Land, so kam es zu 6, 9, 12 und mehr Schlägen“ (Bultmann, 1952, S. 21); Schlag: a) weil einem ein Teil Landes zugeschlagen wurde, oder b) „*weil ein solcher antheil mit eingeschlagenen pfählen pflegt bemerkt zu werden*, oder c) so genannt von *slaen* = erde auffahren (Grimm & Grimm, Bd. 15, Sp. 314).

36 Brache = Zeit, während derer das Land brach liegt, also keine Frucht angebaut wird; Brachland

reichte. Die Stoppel[37] wurde nicht gleich gefalgt[38], sondern beweidet, so auch die Brache. Die Ordnung wurde

220 gleichmäßig für alle durchgeführt. Denn es herrschte der
Flurzwang, für den der Bauervogt[39] mit den Geschwore-
nen und dem Flurschütz (Feldhüter) zu sorgen hatte.

Die Feldmark grenzte an die wilde Mark[40]. Wie Inseln lagen die Dörfer mit ihren Wühren und Fluren in einer
Wildnis, die je nach Art der Gegend aus Wald oder Sumpf,
Gestrüpp (Stroth) oder Moor oder auch aus Teilen von
diesem Unland bestand. Je breiter dieser Gürtel sich um
die Siedlung legte, desto besser fühlte man sich durch ihn
versteckt und vor streifendem Gesindel oder raublusti-

230 gen Heereszügen geborgen. Auf kahlen Stellen legte man

37 Stoppelfeld

38 gefalgt = gefelgt, felgen: althochdeutsch felgan, fal-
    cta; falgen, eckern, untereren – stürzen, umpflü-
    gen, umwenden; „ein stoppelfeld wird gefelgt, um-
    gerissen" (Grimm & Grimm, 1862, Bd. 3, Sp. 1493).

39 früher für Gemeindevorsteher, Bürgermeister

40 „Im letzten Jahrhundert vor Chr. grenzt man durch
    bestimmte Merkzeichen (Marken) an Bäumen und
    großen Steinen sein Gebiet ab; daher heißt Mark:
    Grenze. Dann aber bezeichnet man das ganze Ge-
    biet innerhalb der Grenze als ‚unsere gemeine
    Mark'" (Bultmann, 1952, S. 15).

Dornhecken, im Walde dichte Verhacke[41] an. Wünschte man Verbindung mit Nachbarorten, so beschränkte man sich auf schmale Pfade mit geheimen Zugängen. Aus der wilden Mark holte man seinen Holzbedarf, trieb das Vieh hinein, besonders die Schweine zur Eichel- und Bucheckernmast. Gepflegte Weiden gabs nicht, so wenig wie Wege.

41 = Verhau, sperriges Hindernis

Gau und Stamm

240 Mit der Zeit fand man es geraten, um mächtigere Feinde abzuwehren, sich mit den Nachbarorten zu einem Gau[42] und dann mehrere Gaue zu einem Stammesverband zusammenzuschließen. Jedes Frühjahr tagte eine Gauversammlung, bei der auch Gericht gehalten wurde. Anschließend schickte man Abgeordnete zur Stammestagung. Unser Gauverband umfaßte die Delmenhorster und Harpstedter[43] Geest unter dem Namen Stuhrgau oder Steoringen[44], benannt nach der {5} Stuhre, die heutige Varrelbäke. Sein Tagungsort war ziemlich in der

250 Mitte: Dingstede[45], später, seit etwa 800 n. Chr.: Thienfelde, eine Stunde östlich von Dingstede, bei der alten

42 großer landschaftlicher Bezirk; „in dem sinne wie das ganze Land" (Grimm & Grimm, 1878, Bd. 4, Sp. 1518), *gâ, gô, gôu* – althochdeutsch *gowi*

43 „Harpstedt ist von einem Harpo angelegt" (Bultmann, 1952, S.30).

44 Gebiet etwa zwischen Hunte und Weser

45 Dingstede = Stätte des Dings, wo sich die alten Volkswege   „Bremen—Hasbergen—Heidkrug—Ganderkesee—Munderloh—Sandkrug—Oldenburg und: Hude—Nuttel—Harpstedt—Bassum" (Bultmann, 1952, S. 16) kreuzten.

und um diese Zeit verstärkten Fluchtburg des Heidenwalls, damals Dehlthun geheißen. Ding, Thing, Thie ist der alte Name dieser Tagungen. Das jährliche Ding hatte seinen festen Termin, die Frühjahrs- Tag- und Nachtgleiche und hieß das gemeine (allgemeine) Ding. War in der Zwischenzeit Eiliges zu beraten oder zu richten, so konnte der gewählte Gaugraf (Gogreve) zu einem "gebotenen Ding" aufrufen. Das geschah tags durch Rauch-, nachts durch Feuerzeichen, die an weithin sichtbaren Stellen gegeben wurden. Der Ruf, mit dem ein Ding eröffnet wurde, lautete: Thiod, ute! (Volk, heraus'). Daraus wurde der Ruf: Jodute! und nun nannte man die Höhen für jene Alarmzeichen: Jodutenberg. Die Höhe überm Delmetal in Holzkamp[46] hinter Meyers Schmiede hieß

260

---

46 zu *Kamp*: „Wollte ein Bauer ein Feld nach freiem Willen außerhalb des Flurzwangs bewirtschaften, so mußte er sich ein Stück aus der noch wild liegenden Dorfmark, Gemeinheit, Meente oder Allmende genannt, anweisen lassen, es selber roden und kultivieren, vor allem aber einfriedigen, denn die ganze Meente diente als Vieh=, Schweine= oder Schafweide. Da diese Einfriedigung aber dauernd blieb, bestand sie nie, wie oft beim Feldland aus transportablen Hürden, sondern aus einem „Oewer": Wall und Hecke. Solch ein Stück Landes hieß „Kamp", auch „Bifang" (von: befangen); nutze es

noch im vorigen Jahrhundert Jedeuth und der Kiekut[47] an der hohen Heide bei Rethorn[48]: Judenhörn, hat also mit Juden nichts zu tun. Diese Signalstationen dienten auch durch besondere Feuerszeichen dazu, bei drohendem

270 Friedenseinbruch den Landsturm[49] aufzurufen und mahnte die übrige Bevölkerung, sich mit Vieh und Habe in die Wälder oder einen Ringwall wie den Delthun zu flüchten. Etwa seit Christi Geburt gab es in unserem

der Besitzer als Heuland, so hieß es „Fangwisch" (Bultmann, 1952, S. 22). Holzkamp (ursprünglich *Halteskamp*, erste Erwähnung 1447 als Holzkampe); „Der Name Holzkamp weist eindeutig auf ein eingefriedetes Gehölz (Waldstück hin" (Müller, 2002, S. 62).

Bultmann (1952, S. 174) schreibt hierzu: „1596 wird Holzkamp zum ersten Mal als Dorf genannt, bisher hieß es Klein=Schlutter oder Holteskamp, weil es einem Herrn von Holte gehört hatte."

47 = Ausguck

48 „1059 wird Rethehorna urkundlich genannt. Reth=, Reithbestände bilden ein Horn (Vorsprung) in das höhere Gelände hinein, auf dem das Dorf liegt" (Bultmann, 1952, S. 203). „Reit, Reet, Riet, Ried, Schilfrohr" (Bremisch Deutsche Gesellschaft, 1768, III. Theil, S. 467)

49 = Aufgebot der nichtsoldatischen Bevölkerung zur quasi-militärischen Verteidigung (vgl. Volkssturm)

Lande den Stammesverband der Chauken, nach 200 drang von Holstein her die Führerschicht[50] der Sachsen ein. Der Stammesführer hatte den Titel Herzog[51], unter ihm standen die Gaugrafen. Tagungsort für unser Stammesthing war Markloh[52] bei Nienburg an der Weser. Zu Karl des Großen Zeit hatte Wittekind[53] das Herzogamt, begütert in Wildeshausen und Enger (Westfalen).

280

Das Königtum

Als Karl der Große über den Herzogen diesseits des Rhein (von einem Deutschland sprach man erst 200 Jahre später) die Königsgewalt aufgerichtet hatte, wurden Gaugrafen und Stammesherzoge nicht mehr gewählt, sondern vom König eingesetzt. Um regieren zu können,

50 s. o. Edelinge

51 althochdeutsch „herizogo; urspr. = Heerführer, zusgez. aus ahd. heri = Heer u. -zogo, zu ziehen" (Wissenschaftlicher Rat & Mitarbeiter der Dudenredaktion, 1977, Bd. 3, S. 1221)

52 „Loh: kleines Gehölz, zur Weidenutzung offen, zur Holznutzung einem einzelnen Markgenossen überwiesen" (Bultmann, 1952, S. 23).

53 = *Widukind* (Kind des Waldes), erste Erwähnung 777, Edeling, sächsischer Widerständler gegen Karl den Großen

mußten nun Königsstraßen als öffentliche Wege im Dienst des königlichen Hofes ("Hofdienst") angelegt werden. Der König ritt mit seinem ganzen Hof durch die Lande, um überall Gericht zu halten. Die Königsstraße mußte so breit sein, daß ein Reiter mit quergelegter Lanze bequem durchreiten konnte. Dafür stand der Weg unter dem Königsfrieden. Wer auf ihm eine Untat verübte, wurde gehenkt. Auch der Kaufmann, der mit seinem Saumroß[54] oder Frachtwagen durchs Land zog, die Märkte, Kirchen und Friedhöfe standen unterm Königsfrieden. So schuf die Staatsgewalt größere Sicherheit im Land. Das Volk lernte die Straßen nicht {6} mehr zu fürchten, sondern zu schätzen. Für unsere Geest entstanden zwei Herr- und Handelsstraßen. Von Bremen aus gings auf dem Deich links der Ochtum bis dorthin, wo unsere hohe Geest am weitesten in die Niederung vorspringt, nur eines kurzen Dammes bedurfte es, um das Sumpfgebiet zu durchschreiten. Hier liegt "Hasbergen", weil hier die weidenden Hassen (Pferde) sich vor der Flut

54   = Lastenpferd, also weder zum Reiten noch zum Ziehen von Wagen; Saum = Last, von *salma, sauma,* „aus sagma, griech. σάγμα *packsattel, zu σάττειν packen*" (Grimm & Grimm, 1893, Bd. 14, Sp. 1908).

bergen konnten. Von dort gings durch Heidkrug, Stickgras auf Ortholz zu. Hier querte man das Delmetal an seiner schmälsten Stelle und nun gings über Schulenberg und Wunderburg, durch Niederungen unbehindert, nach

310 Wildeshausen. Das war "*de Vlaamsche Straat*", die Hamburg mit Flandern verband. Nachdem die Oldenburger Grafen Schloß und Stadt Delmenhorst[55] gegründet hatten, ließen sie die Straße mit Hilfe der Bremer über den Wardamm, Huchting, Delmenhorst, Deichhorst und weiter im Zuge der heutigen Wildeshauser Straße laufen. Es hat aber Jahrhunderte voller Streit gekostet, bis alle Frachtfahrer sich bequemten, den alten Straßenzug preiszugeben. Denn auf ihm brauchten sie zwar mehr Zeit, sparten aber den Delmenhorster Zollschilling.

320 Von der flämischen Straße (gepflastert wurde sie erst im vorigen Jahrhundert!) zweigte hinter Stickgras die *Friesenstraße* ab westwärts über die Delme. Durch Schlutter[56] führte sie, die jetzige Wildeshauser Straße kreuzend, über Ganderkesee, ließ links den Heidenwall

55 erste urkundliche Erwähnung 1254

56 „Das Dorf Slutra wird um 850 genannt (Kap. 5), der Name bedeutet Wasser, wo alles schluchtern auf-

(Dehlthun), rechts das Thien-Feld liegen und lief durch Bergedorf[57], Dingstede, Schmede (eine Schmiede für etwa verlorene Hufeisen und Reparatur der Wagen), Munderloh, Hatten, den Sandkrug, Bümmerstede nach Oldenburg. Hier teilte sie sich in eine Straße nach Ost- und Westfriesland und eine ins Jeverland.

Bei der Einsetzung königlicher Gaugrafen, die auch für die Sicherung der Straßen verantwortlich waren, hat Karl der Große manche Gaue vergrößert; das neue Verkehrsnetz erleichterte ja die Verwaltung größerer Bezirke. So wurde die Delmenhorst-Harpstedter Geest, der Stuhrgau, mit der östlichen Gegend zusammengelegt unter dem Namen *Largau* [58]. Der liegt wie ein Dreieck zwi-

wächst" (Bultmann, 1952, S.169; auch Sluchter genannt).

schluchtern = „geschwind aufschieszen, hoch und dünn wachsen, wie die wilden schöszlinge der bäume" (Grimm & Grimm, 1899, Bd. 15, Sp. 796); vgl. Bremische Deutsche Gesellschaft, 1770: slugtern, slukkern „geschwind auf schiessen, hoch und dünne auf wachsen" (IV. Theil, S. 844).

57 s. Fn. 15

58 „Unser Gau hieß der Largau nach den vielen Abhängen, die sein Gebiet aufweist: Laren oder Loren

schen Hunte und Weser. Dessen Spitze Elsfleth, Grundli-
nie der uralte Volkweg bildet, der bei Hoya (= Höhe) die
340 Weser, bei Wildeshausen die Hunte überschreitet. Den
Namen hat er von den vielen sanften Abhängen, zwischen denen seine zahlreichen Bäche hinfließen. Laren,
plattdeutsch Loren, heißen die abhängenden Jungtriebe
an Tannen, Buchen, Birken. Sein Nachbargau jenseits der
Weser mit den vielen Sümpfen an Wümme und Hamme
hieß Wigmodigau (reiche Modde[59]). In der Mitte der
Grenze dieser beiden Gaue lag ein Fischerdorf auf der
Weserberme[60]. 787 n. Chr. erhob König Karl der Große
diesen Ort zur Zentrale beider Gaue und nannte ihn {7}
350 Bermen = *Bremen* (vgl. Born = Bronn, Bernstein = Brenn-
stein).

heißen die herabhängenden Jungschösse, etwa an
Tannenbäumen. Er wird auch Sturigau genannt
nach der Sture (Bassumer Mühlbach), die über
Bassum, Stühren, Heiligenrode, Stuhr in die Och-
tum mündet. Tagungsplatz im Largau war
Dingstede" (Bultmann, 1952, S. 16).

59   = Schlamm, Morast (Dähnert, 1781, S. 309)

60   Berme = „waagerechter oder nur schwach geneig-
ter Absatz an einer Uferböschung" (Wissenschaftlicher Rat und Mitarbeiter der Dudenredaktion,
1976, S. 356)

Das Christentum

Einen Schüler und Landsmann von Bonifatius[61], Willehad[62], schon länger in dieser Gegend als Missionar tätig, ernannte der König zum Bischof von Bremen. Auf der höchsten Düne ließ er ihm den Bremer Dom erbauen, zwar nur aus Holz, aber stattlich und, wie Zeitgenossen schreiben, von wunderbarer Schönheit. Willehads Auftrag war, die Gaue Lara und Wigmodia, dazu die Friesengaue Rüstringen, Östringen, Wangerland und Nordendi (bei Norden) zum Christentum zu führen. Jeder Gau sollte mindestens eine Kirche bekommen. Willehad selbst konnte nur den Rüstringer Gau mit einer Kirche versorgen: Blexen; denn er starb schon 789, und zwar in Blexen, wurde aber im Bremer Dom beigesetzt. Auch die anderen Friesengaue erhielten bald eigene Kirchen, desgleichen Wigmodia. Bei jenen erschwerte die Entfernung,

61 * als Wnyfrth ⁓673, † 754/5, Missionar, Bischof von Mainz, Utrecht, Gründer des Klosters Fulda
62 * als Vilhaed ⁓740, † 789, Missionar, erster Bischof von Bremen; erste Erwähnung Ganderkesees in der Vita Sancti Willehadi als Ganderikesard (Ganderikesarde)

bei diesem das Moor den Verkehr mit Bremen. Die östliche Hälfte des Largaues bekam auch ihren Teil, als Erzbischof Ansgar[63] von Bremen 850 das Stift Bassum, sein Nachfolger Rembert 865 das Stift Büken an der Weser gründete. Wir im Westteil, dem alten Stuhrgau, mußten 200 Jahre auf eine eigene Kirche warten. Und zwar nicht bloß, weil wir die nächste und bequemste Verbindung mit Bremen hatten, sondern auch weil schwere Heimsuchungen kamen. Die wilden Wikinger haben Hamburg dreimal, Bremen zweimal geplündert und abgebrannt, auch Raubzüge weit hinaus ins Land gemacht. Der Bauernkrieg des Stellingabundes[64] gegen die Bedrückung durch die Adligen kostete 14 000 Bauern das Leben. Auch die Raubzüge der wilden Ungarn haben den Fortschritt lange aufgehalten. Zwar wurden Kapellen gebaut, an denen "Kapläne" dem Volk Messe, Unterricht, Leichenfeiern hielten, für Taufen und Trauungen mußte man aber in

63 Ansgar von Bremen, * 801, † 865, Verfasser der Vita Sancti Willehadi von 860 n. Chr., Bremer Bischof 848—865.

64 s. Derichsweiler, 1868; Das sächsische Volk erhebt sich gegen den Frankenkönig Karl den Großen. Allein in Verden (der Greuel zu Verden) wurden 4500 Sachsen „hingeschlachtet" (ebd., S. 3).

den Bremer Dom zum "Pfarrer" gehen, doch gab es für Taufen ein Jahr Frist.

Stärker als Predigten, Unterrichts- und Feierstunden wirkten für den neuen Glauben Heilungswunder. Im benachbarten Lerigau regierte um 850 Graf Walbert, ein Enkel Wittekinds, ein frommer Mann. Vom Papst erbat er sich den Leib des heiligen Alexander, um durch die Wunderkraft dieses Heiligen die Heiden zu gewinnen. Er erbaute ihm die Alexanderkirche[65] in Wildeshausen. Von allen Seiten strömten Leidende herbei, am Sarge des Heiligen zu beten. Manche wurden geheilt und spendeten reiche Dankopfer. Das Neue zieht an. Das Grab des hl. Willehad im Bremer Dom, wo auch schon Heilungen geschehen waren, vereinsamte. Da ließ Ansgar eine Werbeschrift ausgehen, deren 1. Teil das Leben, der 2. Teil die Wunder Willehads nach seinem Tode beschrieb. Hier berichtet er genau 34 Heilungen am Grabe seines Vorgängers. Ihm verdanken wir die älteste {8} Nachricht über unsere Gegend. Ansgar schreibt:

65 Die Alexanderkirche (fertiggestellt 1270) ist die einzige Basilika im Oldenburger Land. Alexander von Rom (Namenstag 10. Juli, † 165 n. Chr.) war ein christlicher Märtyrer und wird als Heiliger verehrt.

"Bei den Steoringen im Dorf *Ganderikesarde* war eine Frau Herimod zwei Jahre taub. Diese kam in den Bremer Dom und erlangte durch das Verdienst des hl. Willehad das Glück, mit voller Hörkraft wieder nach Haus zu kommen[66]. – Ferner kam ein Weib aus dem Lande Laren im Dorf Slutra (Schlutter), seit mehreren Jahren gekrümmt.

410 Sie konnte sich nicht anders fortbewegen als auf den Händen kriechend und war durchaus nicht imstande, emporzublicken. Zuletzt war sie durch Krankheit so geschwächt, daß sie nirgends hingelangen konnte, wenn sie nicht getragen wurde. Sie hatte auch eine Tochter, die von früher Kindheit an blind war. Diese nun brachten ihre Verwandten und Nachbarn, als sie von der Wunderheilkraft gehört, samt ihrer Tochter an die Tür des Bremer Doms. Als sie nun daselbst hingelegt und, von Andern (den Geistlichen) aufgehoben, hineingekommen

420 war, ward ihr durch Gottes Barmherzigkeit die doppelte Freude zuteil, daß sowohl ihre Tochter wieder sehend

66   „De Steornigis quoque ex villa Gandrikesard, quaedam femina, Herimod nomine, duobus annis surda extiterat: quae ad praedictum deveniens locum, intercessione sancti audiendo redire meruit" (Anscharii Hamburgensis Episcopi, Caput IV, Alia sex S. Willehadi miracula)

wurde, als auch daß sie selbst wieder allein sich fortbewegen und aufrecht blickend auf eigenen Füßen nach ihrem Wohnort zurückwandern konnte."

Solche Ereignisse förderten die Annahme der christlichen Botschaft besser als die strengen Strafen, die Karl der Große 782 auf heidnische Bräuche gesetzt hatte. Eine dieser Bestimmungen ist schön: "Wer Mann oder Frau des Hexens beschuldigt und verbrennt, soll des Todes *430* sterben." Leider hat man diese freie Ansicht in späteren Jahrhunderten preisgegeben und Tausende als Hexen oder Zauberer verbrannt ("im Namen Gottes!"), bis endlich die Aufklärung um 1780 diesem Unwesen ein Ende machte.

Die Königsmacht zerfiel unter den Nachfolgern Karl des Großen und kam in die Hände des Herzogs von Sachsen. Dieser setzte nun die Grafen ein. Gegen 1050 herrschte bei uns Udo v. Stade. Als 1180 Heinrich der Löwe[67] das Herzogtum Sachsen verlor, wurde der Erzbi- *440* schof von Bremen bei uns Graf.

67   * 1129/30 o. 1133/35, † 1195

Die Kirchen

Bis 1055 gehörte die Delmenhorster Geest zum Bremer Dom. Dann endlich bekam sie die erste Kirche[68], und zwar in ihrem Mittelpunkt, in *Ganderkesee*. Hier hatte man eine gute Zuwegung, die Friesenstraße, hier lag in nächster Nähe die alte Zuflucht, der Dehlthun, dabei der Sitz des Gaugrafens: Bergedorfer Ohe[69] (jetzt in drei Bauernhöhe aufgeteilt), und das Gaugericht: Thienfelde. Nun hatte man auch eine Gaukirche. So kommt es, daß die *450* stattlichste Kirche weitumher in Ganderkesee ist. Turm und Mauern stehen heute noch, die Gewölbe wurden 700 Jahre später erneuert und erhöht, der Chor (Altarraum) verlängert. Ihr Gründer ist {**9**} der Erzbischof Adalbert[70] von Bremen, ein geborener Graf von Goseck (Thür.),

68 um 1050, „Der Turm mit seinen 1,80 m dicken Findlingsmauern und auch die beiden mächtigen romanischen Rundbögen, die vom Turm in das Gotteshaus hineinführen, stammen noch aus dieser Zeit" (Gemeinde Ganderkesee, 1966, S. 1), ebenso „die Säulen, der Christuskopf über der Pastorentür und einige Konsolen der Gewölbe" (Bultmann, 1952, S. 39).

69 = Aue

70 ∗ um 1000, † 1072

Kanzler der Kaiser Heinrich III. und IV., reich, tatkräftig, baulustig, kunstliebend. Zugleich mit der Kirche bekam der Ort einen Markt. Kirchweihe und Marktbeginn fielen auf einen Tag: 14. September[71].

460 Durch Heinrich IV. war Adalbert auch Herr des Stedinger- und Wüstenlandes[72] geworden, 1142 begann die Besiedlung. Die Siedler, größtenteils aus Holland, wo man sich auf Kanal- und Deichbau verstand, verlangten aber und bekamen ihre eignen Kirchen. Da sagten unsere Geestleutes "Wie willt ok nich slechter wesen. Wat de köhnt, köhn wie all lang." Sie bekamen auch ihren Willen.

71 Noch findet der Herbstmarkt in Ganderkesee an dem Wochenende zu diesem Termin statt. Es ist dies der Namenstag eines der Schutzheiligen der Kirche – St. Cyprian, um 250 Bischof von Karthago. Der andere, St. Conrnelius war zu der Zeit Bischof von Rom.

72 auch genannt Stedinger Wüste, Holle und Neuenhuntorf

Schönemoor[73], Hasbergen, Stuhr (1181), Harpstedt, Dötlingen[74], Hatten wurden von Ganderkesee abgetrennt. Es
bekam aber am Stedinger Weg auch ein neues Siedlerdorf, in Stedinger Weise als "Reichendorf" die Straße
470 längs angelegt: Gruppenbühren[75]. Hier liegen die Grundstücke jedes Bauernhofes in einem Komplex vor und hinter dem Hause, während die alten Dörfer als "Haufendörfer" ihre Grundstücke "in Menglage" durcheinander liegen und alle Höfe von jeder Flur eine Parzelle hatten. Dies
alles geschah noch vor oder bald nach 1200.

Ihr fragt: "Aber wo bleibt denn *Delmenhorst*?" Das gabs
noch gar nicht[76], nur die Bauernschaften Dwoberg und

73 Müller (2002) führt den Namen (Sconemore) mit
    Müsegade zurück auf die Lage des Ortes innerhalb
    morastiger Landschaft mit geschützt vor dem Morast (sconen = abtrennen o. a. schützen; Müsegades, 1972), hält aber auch die Bedeutung „das
    schöne, saubere oder anmutige Dorf am Moor" für
    denkbar (Müller, S. 86).

74 „Dötlingen, einst Theotelingen, ist das Dorf der
    Leute des Theodo" (Bultmann, 1952, S.29).

75 Grüppen = Gräben (zur Entwässerung des Landes),
    Bühren = Bauernschaft oder Büren = Hütten (s.
    Müller, 2002, S. 53)

76 Erste urkundliche Erwähnung 1254, Stadtrecht

Deichhorst, und die wurden an Hasbergen überwiesen.
Erst als die Oldenburger Grafen dem Bremer Erzbischof
480 geholfen hatten, 1234 die Stedinger Bauern in der
Schlacht bei Altenesch niederzuwerfen, übertrag dieser
ihnen die Grafschaft in der Delmenhorster Geest, dazu einen Teil des Stedinger-Landes. Die Brookseite[77], links der
Ollen[78] belegen, mit dem Wüstenlande, Moorriem und
Oberstedingen: Das Land links der Hunte bis Hammel-
warden. Als Zwingburg[79] für dies neue Herrschaftsgebiet
erbauten sie nun um 1250 das feste Schloß Delmenhorst,
durch eine breite, bald doppelte Graft[80] geschützt. 1285

      1371, Marktrecht 1690 – zum Vergleich: Gander-
      kesee erhielt Marktrecht wahrscheinlich bereits
      bei Gründung der Kirche 1050 (vgl. Bultmann,
      1952, S. 166).

77   Brook = „ein Bruch, ein niedriges feuchtes Land. ...
     Wir sagen auch, mit Verwechslung des l und r,
     Blok: z. E. in Blok=land" (Bremische Deutsche Ge-
     sellschaft, 1767, I. Theil, S. 145).

78   kleiner Fluss mit Ursprung bei Altenesch-Süder-
     brook, Lemwerder

79   stark befestigte Burg zur Beherrschung des umlie-
     genden Landes und Erzwingung der Anerkennung
     von Herrschaftsansprüchen bei der Bevölkerung

80   Graft = altfriesisch greft, mittelniederländisch
     graft, gracht = Ergebnis einer Grabarbeit, Graben,

erlangten sie dann für Delmenhorst eine eigene Kirche, *490* die sie mit einem Chorherrenstift (10 Priestern, die auch Schule hielten, um junge Priester auszubilden) ausstatteten. Die neue Gemeinde hatte bis dahin zu Hasbergen gehört, dessen jetziges Kirchspiel[81] sich im Halbkreis um Delmenhorst erstreckt.

Eine andere Folge des Stedingerkrieges war die Gründung der Zisterzienserklosters *Hude* an der Berne[82]. Ursprünglich hatten die Oldenburger Grafen (es regierten im Mittelalter oft 2 bis 4 Brüder oder Vettern gemeinsam) dies Kloster in Bergedorf gestiftet zur Sühne für die

Wassergraben, Wallgraben, Kanal

81   = Pfarrbezirk

82   Portus Sanctae Mariae, gegründet 1232; „1217 ließen die Mönche sich vom Grafen die Huder Wüstung anweisen, wo die Berne Gelegenheit zur Anlage von Fischteichen und Wassermühle, ein vorzügliches Tonlager zur Ziegelei lockte. Sie legten eine „Hude", d. h. Landungsstelle für Schiffe an (vgl. Fischerhude u. a.), erbauten einige Hütten und nannten die Niederlassung nach der Patronin des Ordens portus Sanctae Mariae: Hafen d. hl. Maria (Bultmann, 1952, S. 186).

Ermordung des aus dem Kreuzzug Kaiser Friedrich Barbarossas[83] heimkehrenden Bruders Christoph, der seine letzte Rast in Logemanns Scheune zu Bergedorf hielt und — mit ihrem Einverständnis — dort 1192 erstochen wurde[84]. Da den eifrig Landbau trei-{**10**}benden Zisterziensern aber die Bergedorfer Heide zu schral (güst = Geest » unfruchtbar) war — das gute Land war schon in den Händen der Bauern und der dortigen Kapelle, baten

83 * um 1122, † 1190

84 „1192 hielt in der jetzt Logemannschen Scheune Graf Christian von Oldenburg auf der Heimkehr vom Kreuzzug Barbarossas sein letztes Quartier. Er wollte von Bremen zur Leuchtenburg bei Hatten, seiner Residenz, aber die Nacht hatte ihn auf dem Heimritt übereilt. Im Schlaf überfielen ihn auf Anstiften seines regierenden Bruders Moritz drei seiner Dienstmannen, die Herren von Hatten, Dohlen und Sannum, und erstachen ihn. Der Erzbischof von Bremen ließ die von Dohlen und Sannum hinrichten. Der Herr von Hatten flüchtete zu Moritz, der ihn schützte, er mußte aber zur Buße die Kirche von Hatten erbauen und die Pfarre ausstatten. Moritz und die Mutter stiften zum Seelenheil des Ermordeten ein Benediktinerinnenkloster in Bergedorf, dem sie den Hof in Ringstedt bei Lehe übergeben" (Bultmann, 1952, S. 186; vgl. Lübbing, H., 1976).

sie um besseres Land und erhielten nun Hude zugewiesen. Hude war damals ein Urwald, aber durchflossen von

510 der Berne. Hier stauten sie nun die Berne zu Fischteichen, legten eine Wassermühle an und Ziegelei — hier ganz was Neues! — und begannen den Klosterbau. Die Stedinger zerstörten alles. Nach 1234 wurden die Mönche aber mit vielen Gütern der gefallenen oder enteigneten Bauern entschädigt. Viele Adlige, auch die Oldenburger Grafen, stifteten Seelenmessen für ihre bei Altenesch gefallenen Angehörigen. Zum Bau einer Klosterkirche schenkten die Oldenburger Grafen besonders viel, sie sollte ihr Mausoleum (Begräbnisstätte) werden und ist

520 es bis 1400 geblieben. An der Berne legten die Mönche einen Bootshafen an, von der Berne zogen sie einen Schiffsgraben bis Schiffstede, wo sie ein Gut, den Mönchhof, bewirtschafteten, dessen Ernte auf Kähnen schneller und bequemer zum Kloster gelangen konnte als auf den schlechten Wegen jeder Zeit. Hude heißt Schiffanlegeplatz, vgl. Fischerhude, Ritterhude, Buxtehude. Unser Hude hieß Marienhude; denn das Kloster war der Mutter

Maria geweiht. Das Kloster betrieb außer der Landwirtschaft im Großen – ganz Buttel[85] – Neuenhuntorf und
530 Schwei waren Gutshöfe – und den schon genannten Ge-
werben noch Glasmalerei und Weberei. Es wurde sehr
reich. Die mächtige Kirche bezeugt es noch heute mit ihren Ruinen, die Pfeiler stecken noch halb im Schutt. Abts-
wohnung und Bäckerei, jetzt Klosterschenke, sowie die
Wassermühle sind erhalten geblieben. In den Tagen der
Reformation[86] traten die Mönche aus, der Inhaber der
Delmenhorster Grafschaft, Bischof von Münster, ließ die
Schätze und Glocken nach Münster holen, den Grundbe-
sitz eignete sich der Graf von Oldenburg an. Kirche und
540 Kloster ließ er zerfallen, die kleine, seit Alters den Um-
wohnern zugängliche Torkapelle, dazu 40 ha Klosterland
für eine Pfarrstelle überließ er um 1550 der neugebilde-
ten Gemeinde Hude, die bisher noch zu Ganderkesee gehört hatte. Dorf Hude entstand erst jetzt.

85   heute Teil der Gemeinde Berne
86 ab 1517

Die Gemeinden

Damit haben wir einen Überblick über die Einteilung der Delmenhorster Geest in 8 Gemeinden gewonnen. Ganderkesee war die Stammgemeinde. Jede hatte ihre Pfarrkirche und bildet ein "Kaspel" (Kirchspiel), galt aber auch als bürgerliche Gemeinde. Doch waren auch für bürgerliche Angelegenheiten nur die Kirchenmitglieder, also keine Juden und solche, die im Kirchenbann[87] standen, stimmgerechtigt, für das Vermögen der Gemeinde oder der Bauernschaften die erbgesessenen Bauern. Zum Zeichen dieses Rechtes führte jeder eine Axt, {11} deren Stil seine Hausmarke trug. Davon hießen sie Erbexen[88]. Die Axt erbte der Grunderbe. Seine Stelle mußte ungeteilt

550

87 = Ausschluss aus der kirchlichen Gemeinschaft (Anathem)

88 „Unsere ältesten Dörfer zählen daher nur 6—12 Stellen, Hufen genannt, auch Bauen oder Hausmannsstellen. Ihre Besitzer sind „Erben". Zum Zeichen seiner Berechtigung am Walde führt jeder Bauer eine Axt. Die Bauern heißen daher Erbexen, Erfexen" (Bultmann, 1952, S. 23f).

bleiben. Nur der Graf erlaubte in seltenen Fällen eine Tei-

560 lung. Ursprünglich hatte ein Dorf 6 bis 12 Vollbauern. An-

derswo hießen sie Vollspänner, Vollhufner, Hausleute,

bei uns Bauleute. Teilte ein Baumann seine Bau, so gabs

zwei Halbbauen. Daneben gab es nur Heuersleute[89], mit

der Zeit gab es auch Viertelsbauern (Käter[90]). Manche

89   Heuer = Mietsmann, Pächter; „miete, pacht und das dafür entrichtete. Ein nur dem niederdeutschen sprachgebiete angehöriges wort, [angelsächsisch] ... hŷr miete, hŷrian, [friesisch] ... hêra pachten" (Grimm & Grimm, 1877, Bd. 10, Sp. 1284). Im Gegensatz zu den Heuerleuten verfügten die sogenannten Brinsitzer über ein eigenes Haus mit Garten. — „Hüssel, und Hüsling, ein Häusler, ein geringer Bauer oder Taglöhner, der kein eignes Haus, noch Land hat, sondern nur zur Miete wohnet. Der ein eigenes kleines Haus mit einem Garten hat, heißt ein Brink=sitter" (Bremische Deutsche Gesellschaft, 1767, II Theil, S. 677; vgl Müller, 2002, S. 67).

Bultmann schreibt hierzu: „Seit dem 16. Jahrhundert, als das Land knapp wurde, gab man kleinere Stellen aus an ‚Brinksitzer', so genannt, weil ihre Häuser auf dem Brink, dem grasigen, freien Dorfplatz standen" (1952, S. 24).

90   = Köter; „Man ließ zwischen den Erbstellen mit ihren Heuerhäusern auch wohl einen neuen Siedler in der „Bur" (= Bauernschaft, Dorf) sich anbauen, etwa einen nicht erbenden Bauernsohn [s. Fn. 88,

Dörfer hielten sich einen Hirten, der das Vieh des ganzen

Dorfes auf die Brache (die Dreschen[91]), in die wilde Mark

Erbexen], der sich nicht mit einem Heuerhaus begnügen wollte, oder einen, den man als Schmied, Nachtwächter (Wachtendorf), Feldhüter, Hirten nötig hatte. Er bekam, je wie es paßte, ein Deputat geliefert oder Reststücke der Flut zugeteilt und ein Weiderecht, jedoch nicht das Recht auf Holzschlag, also auch nicht das Recht, eine Axt zu führen. Er hatte daher auch nicht Sitz und Stimme in der „Bursprake", wie die Dorfversammlung hieß, und hieß Köter, weil er nur einen Kotten (Kate, kleines Haus) besaß" (Bultmann, 1952, S. 24).

Kätener, Käter, Kater: „besetzer, bewohner einer kate" (Grimm & Grimm, 1873, Bd. 11, Sp. 274); zu Köter: „der begriff zeigt starke schwankungen, d. h. er hat eine alte und reiche entwicklung, die ein gutstück des nordd. Bäuerlichen gemeindelebens in sich schlieszt" (ebd., S. 1888). Im Gegensatz zu den Heuerleuten erwiesen sich die Köter demgemäß als Besitzer, nicht als Mieter oder Pächter.

91 = Driesch, „unangebautes, brach liegendes land, ungepflügter acker" (Grimm & Grimm, 1860, Bd. 2, Sp. 1408), dreesch, driesland, druskland (ebd.).

(Meente[92], Allmende[93], Gemeinheit) oder in die Hölzun-
gen trieb. Dazu etwa einen Nachtwächter (Wachtendorf!), Feldhüter (Flurschutz), um Felddiebe und das
570 Wild von den Äckern fernzuhalten. Jagen durfte nur der
Landesherr oder ein Adliger, dem das Jagdrecht vom
Landesherren verliehen war. Ausgebrochenes Vieh

92 = „das gemeine Gut: dasjenige, was eine Bürger- o-
der Bauerngemeine in Gemeinschaft besitzet. In-
sonderheit heißt Meente noch bey unsern Landsleuten eine gemeine Trift [zu treiben, vgl. engl.
drift, insb. Im Sinne von Viehtreiben, demgemäß
„weide, besonders schafweide, benutztes freies
grasland oder wald außerhalb der feldmark; häufig
gemeindebesitz [Grimm & Grimm, 1952, Bd. 22, Sp.
498], oder Wiese, wo ein jeder sein Vieh unentgelt-
lich weidet, oder seinen Anteil Gras mähet“ (Bremische Deutsche Gesellschaft, 1768, III. Theil, S.
147).

93 = silvia communis, compascum, ager, fundius communis zu althochdeutsch „alamannida, alagiman-
nida ... es war der verein, die gemeinschaft freier
männer, die sich in wald und weide zulängst erhielt“ (Grimm & Grimm, 1854, Bd. 1, Sp. 237f) = All-
gemeinbesitz.

wurde vom Flurschütz[94] eingeschüttet[95]. Der Besitzer mußte es auslösen. Das Lösegeld ging zum Teil an den Flurschütz (Schütte!), z. T. in die Dorfkasse und wurde gern in der "Bursprake[96]" (Bauernbesprechung) vertrunken. Die häufigste Ordnungsstrafe, die von der Bursprake oder Erbexentagung verhängt wurde, bestand in einer Tonne Bier.

580   1259 verkauften die Bauern von Kimmen[97] und

94 Schütz = Schütze, althochdeutsch scuzz(i)o zu schießen, „jmd., der mit einer Schußwaffe (Gewehr, Pistole, Armbrust, Bogen usw.) schießt" (Wissenschaftlicher Rat & Mitarbeiter der Dudenredaktion, 1980, Bd. 5, S. 2236).

95 zu Schott = Riegel („Dat Schott an der Döre [=Tür]: der Riegel, welcher vor die Türe geschoben wird ... [oder] „eine Schub- oder Falltüre ... in Hamburg Schütte" (Bremische Deutsche Gesellschaft, 1770, IV. Theil, S. 680); vgl. „Schutten, durch eine Fallthüre [= Schütte] zurück halten, ... fremdes Vieh in den Pfandstall setzen" (ebd. S. 723; aber auch Schutte, zu scheten = schießen).

96 = Dorfversammlung

97 „Kimmen heißt: sich berühren, auch das Korn auf der Flinte, das sich beim Visieren (zielen) mit dem Ziel berührt. Hier sind ... Dörfer danach benannt, weil sich ihre Ackerfluren berühren, während in der Regel die wilde Mark in breiter Fläche die Flur

Vielstedt dem Kloster Hude ihr Weiderecht im Hasbruch

(Askbrok = Eschenbruch[98]) und einen Teil ihrer Meente

für 16 M. Die Mark war aber keine Münze, sondern 1/2

Pfd. Silber, damals = 300 M. 1308 verkauften die Erbexen

der Gemeinde Ganderkesee die Nordheide an das Kloster

Hude, an dessen Acker sie grenzt, für 1 M bar und 1/2 M

jährliche Rente, zahlbar aus den Einkünften des Kloster-

gutes Havekost[99], wo das Kloster ein Altersheim unter-

hielt. Dies Gut hatte es schon 1287 für 50 M vom Vogt in

zweier Dörfer trennte" (Bultmann, 1952, S. 23).

    „Kimm = 1. Der äußerste Rand eines Dinges [nicht Thing, Thie]. 2. Der äußerste Gesichtskreis auf einem Felde" (Müller, 2002, S. 70; s. a. Bremische Deutsche Gesellschaft, 1767, II. Theil, S. 772).

98 Ask: mittelhochdeutsch asch, angelsächsisch äscum = Esche (fraxinus); Brok s. Fn. 77; „Hasbruch, ursprünglich Asebrok, bezeichnet einen Bruchwald (sumpfigen Wald), in dem Eschen wachsen" (Bultmann, 1952, S. 45).

Vgl. zur möglichen Bedeutung „Wald, in dem das Buch der Götter ist" (Müller, 2020, S. 55).

99 früher Windhusen, auch Winthusen; „Havekost (wohl von Hawk=Horst, Holz, wo Habichte nisten) heißt bis 1409 Winthusen. Durch eine Pest verödet, erhält es bei Neugründung den Namen Have-

 Wildeshausen erworben.

Daß es den Bauern damals gut ging, ersehen wir aus den Chroniken, die davon berichten, sie hätten beim Pflügen gesungen.

kost" (Bultmann, 1952, S. 178; vgl. Bahlow, 1985)Eine ausführliche Darstellung aktueller Erkenntnisse insbesondere zu Lage des Ortes findet sich in Müller, 2002, S. 98ff. Müller stellt neben der Pest als Ursache für das Verschwinden von Windhusen noch Sandverwehungen oder Krieg zur Diskussion; ebenso könnte die Siedlung auf dem Flur ‚Auf der Loge' an der Bergedorfer Straße (Industriegebiet) in Ganderkesee oder beim heutigen Neuholzkamp verortet werden.

Kriegszeiten

Unsere Ecke liegt so abseits, daß sie von großen Kriegen nie berührt wurde. Selbst den 30jährigen Krieg wußte unser Graf Anton-Günther[100] fernzuhalten, und das Land verdiente gut an Kriegslieferungen. Schlimm, aber kurz war die Zeit um 1630, als gerade in unserer Gegend kaiserliches Kriegsvolk im Quartier lag. Schlimmer war die Zeit zwischen 1450 bis 1482, als Graf Gerd der Mutige[101], ein rauflustiger Streithahn, die Straßen Weser und Nordsee unsicher machte, unzählige Male Frieden gelobte und wortbrüchig wurde. Schließlich hatte er es mit allen Nachbarn und der Hansa[102] verdorben. Bischof Heinrich {12} von Münster und Bremen unternahm 1471 einen Vergeltungszug, konnte Oldenburg nicht erobern, plünderte aber unterwegs das Land gründlich aus. Graf Gerd reichte bei seinen Lehnsherren, den Herzogen von

100 * 1583 in Oldenburg, † 1667 in Rastede, Graf von Oldenburg und Delmenhorst
101 Gerhard von Oldenburg; * 1430, † 1500
102 = Hanse

Braunschweig, eine Beschwerde ein: Ihm sei an Land und Leuten großer Schade getan mit Totschlag, Gefangenen (die er auslösen mußte), Brand und Raub. Trotzdem die Dörfer sich mit einer "Brandschatzung[103]" Schonung erkauft hatten, wurde dennoch gebrannt, geraubt, wurden Wohlhabende mitgeschleppt, um Lösegeld zu erpressen, aus Littel, Westerburg, Huntlosen, Hatten, Dötlingen, Bergedorf, Ganderkesee, Schönemoor, Hasbergen, Stuhr. Delmenhorst umging man, weil dort mittlerweile schon die Bundesgenossen, Stadtbremische Truppen, aufgeräumt hatten. Man nahm den Einwohnern Pferde,

103 = „durch Drohung mit Brand Abgaben erpressen"
(Wissenschaftlicher Rat & Mitarbeiter der Dudenredaktion, 1976, Bd. 1, S. 424), ausrauben, plündern

Koye[104], Swine[105], Immen[106], Garben[107], Plünderware[108] (bewegliches Gut) und Bargeld. Item in dem Kerspele to Ganderkeserde mang andrer öveldad leth de Here Bischup en Hüs schinden, dar inne lagene Fraue in den seß weken. Wat se in deme Huse hadde, ward ehr genommen, trotz Loskaufs[109]. Auf dem Kirchhof zu Schönemoor hatten die Leute ihr Vieh, Gut und Geld geborgen, alles ward

104 = Kühe

105 = Schweine

106 Von althochdeutsch imbi = Bienenschwarm; mittelhochdeutsch imme, imbe, impe = Bienenschwarm, Bienenstand" (Wissenschaftlicher Rat & Mitarbeiter der Dudenredaktion, 1977, Bd. 3, S. 1319)

107 geschnittene und gebündelt aufgestellte Getreidehalme

108 = Plunderware, Plunterware (plun-ne, plunn); plündern = „den plunder (das hausgerät) aus dem hause anderswohin bringen" (Grimm & Grimm, 1889, Bd. 13, Sp. 1948), vgl. Plünnen (Kleidung), Plunnen: „Mine beten Plunnen: meine geringe Habseligkeit" (Bremisch-Niedersächsische Gesellschaft, 1768, III. Theil, S. 345)

109 Ebenso (lat. item) in dem Kirchspiel zu Ganderkesee unter anderer Übeltat ließ der Herr Bischof ein Haus schinden [übel behandeln; auch schinnen, die Haut abziehen], in dem eine Frau in

630 mitgenommen trotz Loskaufs[110]. Desgleichen auf Gut Hemmelskamp, wo der Bischof der Hausfrau zwei (jedenfalls kostbare) Röcke vom Leibe ziehen ließ und mitnahm. Auch durch Stedingen und Harpstedt ging der Zug. Hierfür werden 200 000 Gulden Schadensersatz verlangt, zudem für entgangenen Verdienst in Ackerbau, Kaufmannschaft und Handwerk 50 000 G. Stadtbremische Truppen hatten unterdes das Schloß Delmenhorst belagert, das Städtchen geplündert und einen Raubzug gegen die Elmeloher[111] Burg gemacht, sie mit allen Ne-

den sechs Wochen [Wochenbett?] lag. Was sie in dem Hause hatte, wurde ihr genommen, trotz Loskaufs.

110 „Trotz einer Zahlung, mit der die Dörfer sich Schonung erkauft hatten [= Loskauf], wurden Gefangene mitgeschleppt, gebrannt und geraubt" (Bultmann, 1952, S. 51).

111 „Loh: kleines Gehölz, zur Weidenutzung offen, zur Holznutzung einem einzelnen Markgenossen überwiesen. Alme = ältere, Elme = jüngere Bezeichnung für Ulme = Rüster. In der Tat erscheint auch Almsloh nach der ganzen Anlage als das ältere, engere Dorf" (Bultmann, 1952, S. 23).

640 bengebäuden abgebrannt, das Holz gefällt, von den Meiern des Guts Brandschatzung genommen, sie dann trotzdem ausgeplündert und ihre Häuser niedergebrannt. Der Burgherr selbst, Heinke von Mandelsloh, der pflichtgemäß als Verteidiger auf Schloß Delmenhorst stand, meldete bei den Verhandlungen seinen Schaden mit 250, den seiner Meier mit 46 Gulden an. Der Viehbestand war vermutlich noch rechtzeitig in Sicherheit gebracht worden. Ob diese Forderungen bezahlt sind, wird nicht berichtet. Wahrscheinlich sind sie mit Gegenforderungen des Bi-
650 schofs ausgeglichen. Im Februar 1472 wurde Friede gemacht. Es nützte wenig. Schon 1474 rächen die Bremer neue oldenburgische Räubereien dadurch, daß sie im Juni die Saatfelder weit um Delmenhorst und Harpstedt abmähten.

Wir werden münstersch (1482)

Trotzdem es wiederholt zu Friedensschlüssen kam, brach Graf Gerd immer wieder los, stellte den Kaufmannsfuhren[112] freie, gut bezahlte Geleitbriefe {**13**} für *660* die Oldenburgischen Straßen aus und beschlagnahmte sie trotzdem. Erwischte er die Kaufleute selbst, so sperrte er sie in schaurige Keller. Konnten sie das geforderte hohe Lösegeld nicht zahlen, ließ er sie verhungern. Auf Weser und Nordsee trieb er Seeraub. Schließlich trat die Hansa mit Bremen, Münster, Wildeshausen und Ostfriesland wider ihn zusammen. Die Wildeshauser zerstörten ihm Weihnachten 1479 die *Welsburg*[113] am Stüh,

112 Fuhre = Fahrt (zu mittelhochdeutsch vuor, althochdeutsch fuora), somit auch die entsprechende Wagenladung.

113 „1259 urkundet Graf Johann I. von Oldenburg zum erstenmal in dem von ihm erbauten festen Schloß Delmenhorst. Er starb ca. 1262. Von den Söhnen erhielt Christian Oldenburg, Otto Delmenhorst. Otto oder sein Nachfolger Christian, der von 1304—55 regierte, gründete am Stedinger Weg, der von Berne nach Wildeshausen läuft, dort, wo hinterm Stüh der Bassumer Weg abzweigt, im Quellgebiet der Welse die Welsburg. Sie schützte

die den Handelsweg von Berne nach Bassum[114] und Wildeshausen blockierte.

670   *Delmenhorst* war schwieriger zu bezwingen. Vom 21. Oktober 1481 bis 20. Januar 1482 wurde das Schloß durch münstersche, bremische, hamburgische, lübeckische und ostfriesische Truppen unter Graf Günther von Schwarzburg, einem Bruder des Bischofs Heinrich[115], belagert. Die breiten Graften und dicken Türme machten es bei mangelhaftem Belagerungsgeschütz uneinnehmbar. Graf Günther fiel. Erst der Hunger zwang zur Übergabe. Die Besatzung: 3 Ritter mit ihren Knechten

und bezollte die Handelszüge, vor allem den Viehexport Stedingens nach Wildeshausen und Bassum, deckte auch die Herrschaft Delmenhorst gegen Süden, eine Landwehr zog sich östlich an die Delme, westlich zum Nutteler Moor" (Bultmann, 1952, S. 183).

114 „Bassum wird in alten Urkunden Birsen und Birxsinon geschrieben, sein Besitz war weit verstreut" (Bultmann, 1952, S 202); auch Barsen.

115 1440—1496

und 50 gemietete Landsknechte, wohl Artilleristen (Kon-
680 stabler[116]), erhielten freien Abzug, desgleichen Graf Jacob, ein Neffe Gerds, und seine Schwestern Adelheid und
Katharine. Jacob wanderte zu Fuß nach Dänemark, seine
Rosse fielen den Siegern zur Beute. Er starb drei Jahre
später als Seeräuber auf der Nordsee an Skorbut.

Während der Belagerung war die Umgegend
weit herum von den Truppen, wie üblich, schwer mitgenommen werden. Desto bessere Zeiten kamen jetzt.
Denn der neue Herr, Bischof Heinrich, dessen Gebiet sich
jetzt von Münster bis an die Mündungen von Hute und
690 Leda erstreckte, versprach seinen Stiftsherren und Rat-
mannen, fromme und tüchtige Leute als Amtmann, Zöll-
ner und Schreiber auf Delmenhorst einzusetzen, dazu
eine gehörige Zahl Schützen "dat man den Kopmann to
Delmenhorst' (gemeint sind sie mit Handelsgut durchzie-
henden Kaufleute) ehre und fördere und nicht ungewöhnliches vom em nehme un de Strate völlig so halte,

116 etwa einem Unteroffizier entsprechend

so veel man kann, dat schall usen gnedigen Herrn un düssen Lande ein gut, ehrlich Gerücht un vel Gunsten in den Naberlanden wid un sid maken[117]."

700   Er hielt sein Wort. Den Stifter aber all des voraufgegangenen Elends, Graf Gerd, zwangen seine Söhne zur Abdankung, sonst hätten seine Gegner ihm auch noch Oldenburg entrissen. Im Alter plagte ihn sein Gewissen. Er suchte es durch eine Bußfahrt nach St. Jago in Spanien zu beschwichtigen und starb auf der Rückreise 1500 in Südfrankreich.

117 Dass [damit] man den Kaufmann zu Delmenhorst ehre und fördere und nichts Ungewöhnliches von ihm nehme [von ihm halte, denke] und die Straße völlig [zu voll i. S. von in Ordnung, so dass nichts fehlt oder zu bemängeln ist] so halte, so viel [gut] man kann, das soll unserem gnädigen Herrn und dessen Lande ein gutes, ehrliches Gerücht [heute würden wir sagen Aushängeschild] und viel Gunsten [= Gunst, zu gönnen, wohlwollende Haltung, gute Meinung] in den Nachbarländern [zu Naber, Nober, Nechebura, Nehbur – vgl. engl. Neighbour] weit und breit machen [erbringen, ergeben, führen zu].

Wir werden evangelisch (1543)

In den Tagen der Reformation ließ der Bischof von Münster als Landesherr bei uns 1545 die evangelisch-lutheri-
710 sche Kirchenordnung einführen. Es gab {14} keine
Schwierigkeiten, der Glaube an Rom saß den Leuten
nicht sehr fest im Herzen, man kann aber auch nicht sagen, daß die neue Lehre von der freien Gnade Gottes für
jeden, der ihn darum bittet, neues, freudiges Leben im
Lande erweckt hat. Doch haben Bibel und Gesangbuch im
Stillen manche Frucht getragen, die Menschen nicht sehen, wohl aber Gott. Als 200 Jahre später die Stillen im
Lande sich um Gottes Wort sammelten, wurde das von
der Polizei verboten. Man fürchtete demokratische Re-
720 gungen.

Wir werden wieder oldenburgisch (1547)

Graf Anton dem I[118]., einem Enkel Graf Gerds, gelang es, nachdem er 1538 eine blutige, aber vergebliche Fehde[119] darum geführt hatte, 1547 durch nächtlichen Überfall Schloß Delmenhorst und wenige Tage darauf auch Schloß Harpstedt wiederzuerobern. Seitdem ist unsere Geest stets oldenburgischer Besitz geblieben, nur Harpstedt fiel nach Anton Günthers Tod (1667) an Hannover und 1711—1731 waren wir pfandweise unter hannoverscher Verwaltung. Es heißt, Anton sei mit ledernen Schiffen an die Delmenhorster Graft gekommen. Dahinter steckt ein Lesefehler. "Mit Leddern und Schepen" kam er, Schiffe halfen seinen Söldnern über die Graften, Leddern, d. h. Leitern, über die Pallisaden, die auf dem Wall standen.

118 * 1505, † 1573 in Oldenburg
119 = Privatkrieg zwischen Einzelpersonen, Sippen oder Familien

Das elende Fehdewesen der vielen Kleinfürsten, in dem sie ihre Händel weniger durch Schlachten als auf dem Rücken ihrer Bauern und Bürger ausfochten, d. h. dadurch, daß jeder dem andern möglichst viele friedliche und nützliche Untertanen ruinierte, fand jetzt ein Ende. Schon 1495 hatte der deutsche Reichstag (keine gewählte Volksvertretung, sondern eine Städteversammlung der Fürsten und freien Städte) unter Kaiser Max[120] den "Ewigen Landfrieden" beschlossen und dafür ein Reichskammergericht geschaffen, das seinen Sitz in Speier, seit 1693 in Wetzlar hatte. Das sog. "Faustrecht", d. h. das Recht, mit der Faust gegen einen Widersacher sich durchzusetzen, war damit aufgehoben und jeder Stand bei Strafe der Reichsacht[121] verpflichtet, seine Ansprüche beim Gericht vorzubringen und sich der richterlichen Entscheidung zu fügen. Graf Anton hatte es noch mal mit

120 Kaiser Maximilian I., * 1459, † 1519; der Ewige Landfriede verbot unbefristet das mittelalterliche Fehderecht.
121 Acht = Ächtung, d. h. eine Erklärung der Rechtlosigkeit des Betroffenen

dem Faustrecht probiert, und es war ihm geglückt, weil,

der Kaiser gerade in einem schweren Kriege stand. Sein

Gegner in Münster aber griff nun nicht wieder zum

Schwert, sondern rief das Reichskammergericht an. Der

Prozeß währte zwar über 100 Jahre, kostete aber nur Pa-

pier und Gebühren statt Ströme unschuldigen Blutes. Zu-

760 dem fiel die Entscheidung für Oldenburg günstig aus. Die

Eroberung hatte für Graf Anton einen Steuerzuwachs von

20 000 Rth gebracht. {**15**}

Ein Ruhm der oldenburger Grafen

ist ihr Bauernschutz[122]. Dies zu erklären müssen wir einen Rückblick ins Mittelalter tun. Als 919 der Sachsenherzog Heinrich I.[123] zum deutschen Kaiser gewählt war, mußte er alle Kraft aufbieten, um die Raubzüge der Ungarn, die bis an den Harz und nach Basel reichten, abzuwehren. Dies konnte er nur, wenn er ein gepanzertes Reiterheer schuf, denn die Ungarn waren, wie einst die Hunnen, beritten und fochten von ferne mit Pfeil und Bogen, während die Deutschen zu Fuß mit Streitaxt, Schwert und Wurfspieß kämpften. Ein geübtes Reiterheer aufzustellen, erforderte mehr Zeit und Kosten als eine Fußtruppe. Auch mußten die Leute bei der Ausdehnung des Reiches der Heimat lange fernbleiben. Jeder "Ritter" mußte einige Packpferde (Saumrosse) und Knechte mitnehmen, um Proviant mitzuführen, denn es ging oft

122 = Schutz der Bauern und des Bauernlandes vor Willkür der Gutsherren
123 * 876, † 936

780   durch weite, öde Strecken. Jeder Ritter führte die ge-
wohnten Waffen, statt des kurzen Spießes aber eine
lange Stoßlanze; nach 1 200 kam noch die Armbrust
hinzu. Mit 5 bis 6 Pferden und 2 bis 3 Knechten bildete er
eine "Gleve[124]" (Lanze). Es ist klar, daß die neue Kampfart
eine neue Volksordnung (soziale Umschichtung) brachte.
Das alte Aufgebot des "Heerbanns[125]" rief jeden freien
Bauern zum Fußdienst. Das blieb so, wenn es galt, die
Heimat gegen einen eingebrochenen Feind zu verteidi-
gen. Zur "Heerfahrt" bis an die Grenze des Reiches oder

790   gar in Feindesland und zu "Römerzügen", d. h. zur Krönung des Königs als "römischer Kaiser" konnte man den

124 von altfranzösisch glaïve, Vermischung des lat. gla-
dius = Schwert mit clava = Keule. „kleinste militä-
rische Einheit der Ritterheere" (Wissenschaftlicher Rat & Mitarbeiter der Dudenredaktion, 1977,
Bd. 3, S. 1052)

125 zu mittelhochdeutsch herban, althochdeutsch
heriban = „Aufgebot der waffenfähigen Freien zum
Kriegsdienst ... vom König od. Herzog erlassener
Aufruf" (Wissenschaftlicher Rat & Mitarbeiter der
Dudenredaktion, Bd. 3, S. 1171).

Bauern nicht einsetzen. Die Kosten einer Gleve überstiegen seine Einkünfte, auch wäre seine Stelle verkommen. So kam es zu einer neuen Ordnung:

Entweder das Dorf traf ein Abkommen mit einem seiner Bauern, der Lust zum Heeresdienst hatte: Du erhältst den vielfachen Anteil an unserer Flur und Meente, wir helfen dir mit Hand- und Spanndienst[126] dein Land bestellen und abernten. Dafür hältst und übst du Waffen, Pferde und Mannschaft, um im Kriegsfall des Königs Aufgebot zu folgen. Später bekam auch der Landesherr (Graf, Herzog, Kurfürst) das Recht des Aufgebots, anfangs nur die Markgrafen, d. h. die Grafen, die der König an den Grenzen (Marken) neu gewonnener Landschaften (Brandenburg, Meißen, Lausitz, Mähren, Steiermark, Verona u. a.) eingesetzt hatte.

Oder aber der König, der Landesfürst vergab herrenloses Land als "adlig freies Gut[127]" (Rittergut) an

126 Hilfe/Dienst mit (etwa Ochsen-)Gespann

127 „Als Rittergüter in unserer Gemeinde sind noch bekannt: Schlutter (Linnemann), Holzkamp (Breithaupt), Hoyerswege, die Welsburg, Habbrügge (Nehls „Herrenbau"), Bookholzberg, Hohenböken,

einen kriegstüchtigen Mann mit der Pflicht, eine Gleve

810   zum Krieg zu stellen. Dafür war sein Gut von andern öffentlichen Abgaben und Diensten frei. Er war mit dem ihm verliehenen Gut (Lehen[128], Lehngut) "belehnt", ein Lehnsmann, "Dienstmann" des Königs oder Fürsten. Die Lehnsleute des Königs hießen Reichsritter. Sie standen unter keinem Landes-{**16**}fürsten und hatten Sitz und Stimme auf den Reichstagen. Die Fürsten hielten Lehnstage ab, zu denen auch die von den Dörfern gestellten Ritter gehörten. Sie und die von den Fürsten Belehnten hießen landsässige Ritter und bildeten als "Landstände" den

Brummelhop, Nutzhorn, Elmeloh. In alten Urkunden finden wir noch manchen der ersten Inhaber, die den Namen ihres Herrensitzes tragen: Herren oder Knappen oder Ritter von Sluttera, von Hagbrügge, v. Lintel, v. Munderloh, v. d. Horst, v. Hasbergern, v. Bookhorn (wohl Schwartings Hof), v. Twiest und v. Winthusen (=Havekost), auch Kamern, Sahren und Steenhafe waren ursprünglich Edelhöfe. Den Sahrener Hof verlieh der Graf von Oldenburg an seinen Knappen v. Jüchter aus Edewecht, dessen Nachkommen ihn heute noch als Bauern besitzen" (Bultmann, 1952, S. 37).

128 von lēn (mittelhochdeutsch), lēhan (althochdeutsch) = leihen

820 Landtag, um neue Steuern zu bewilligen. Mit der Zeit wurden auch höhere Geistliche: Äbte, Stiftspröbste (Propst[129] = Vorsteher) sowie die Bürgermeister der Landstädte Landstand[130]. Die freien Reichsstädte hatten Sitz und Stimme im Reichstag.

So entstanden die Rittergüter (Feudalgüter). Die Feudalzeit währte das Mittelalter hindurch. Ihr Ende nahte, als mit Erfindung des Schießpulvers (1350) die Ritterheere allmählich unbrauchbar wurden. Die meisten Dörfer, auch auf unserer Geest, zählten ein Rittergut *830* in ihrer Mark, hie und da auch zwei. Nur ganz wenige sind

129 im Original von Bultmann (1959) fälschlicherweise Probst geschrieben; mittelhochdeutsch probest, lat. pro/praepositus

130 Landstand „ist im spätmittelalterlichen und frühneuzeitlichen deutschen Recht die Gesamtheit der Vertreter einer gewissen Bevölkerungsgruppe, die vor dem Absolutismus zusammen mit dem Landesherrn die Herrschaft über das Land ausübt. Die Landstände sind rechtsfähige Körperschaften, deren wichtigstes Recht das Steuerbewilligungsrecht ist. Sie gliedern sich meist in Ritter, Prälaten und Städte, während die Bauern nur ausnahmsweise erfasst werden" (Willoweit, 2005).

bis heute erhalten geblieben und auch sie zumeist in bäuerlicher Hand. In den Nachbarländern, außer Ostfriesland, hat sich der Adel zahlreicher erhalten, noch stärker in Ostelbien[131], wo ihm die "Bodenreform" von 1945 den Garaus machte. Woher kommt dieser Unterschied? Auf den Landtagen rings umher brauchten die Fürsten, die gerne eine prunkvolle Hofhaltung führten, oft neue Steuern, die ihnen der Adel bewilligte – aber auf Kosten der Bauern, selten aus eigener Tasche. So wurde es ihm leicht, Bauernstellen aufzukaufen, seine Macht zu erweitern. Die Grafen von Oldenburg beherrschten ein so kleines Gebiet, daß sie darauf bedacht sein mußten, ihren Adel auch klein zu halten, er wäre ihnen sonst bald über den Kopf gewachsen. So streckten sie sich nach der Decke[132], hielten sparsam Hof, brauchten keine neuen Steuern, mithin auch keine Landtage einzuberufen. Bis 1848

131 = die Gebiete östlich der Elbe bis Ostpreußen

132 = „seinen bescheidenen Verhältnissen entspr. leben. Wer eine große Decke auf seinem Bett hat, kann sich während des Schlafens frei ausstrecken" (Röhrich, L. [1994]. Lexikon der sprichwörtlichen

war Oldenburg das einzige Land in Deutschland, wo der Fürst allein regierte. Und zwar durchweg gut. In den Urkunden des Mittelalters, kraft deren der Graf von Oldenburg ein Lehn ausgibt oder eins seiner eignen Güter verpfändet, finden wir wiederholt die Bestimmung, daß der Besitzer die Bauern nicht mehr als seit alters üblich belasten dürfe. Graf Johann V.[133], Urgroßvater Anton Günthers, kaufte sogar 36 Rittergüter auf und machte sie zu Staatsgütern (Domänen), Sohn und Enkel fuhren damit fort. Anton Günther aber begann mit der Bauernbefreiung, indem er den freien wie den Domänenbauern erlaubte, ihre Leistungen wie Zehnten[134], Hand- und

Redensarten (Bd. 1, S. 309). Freiburg: Herder). Ärmere Leute hingegen können sich nur soweit ausstrecken, wie es die kleinere Decke zulässt, wenn sie nicht frieren möchten.

133 * 1460 in Oldenburg, † 1526 ebenfalls in Oldenburg

134 = zehnprozentige Steuer, in Geld, Naturalien, Diensten zu zahlen oder abzuleisten

860 Spann-, Holz- und Brückendienste[135] in billige Geldzahlungen umzuwandeln oder ganz abzulösen. Die dänische Regierung, seine Erbin, baute das weiter aus, verbot auch den Rittern, von ihren Bauern den Zehnten aus Neukulturen zu fordern. So kam es bei uns umgekehrt als anderswo. Hier Adelsschwund und Wachstum des Bauernstandes, dort Bauernschwund und Mehrung des Grundadels. Das danken wir unserem Fürstenhause. {17}

135 *brughendenste* = Arbeit an einer Brücke, Brückenbau; s. Verein für Mecklenburgische Geschichte und Alterthumskunde, 2010, Bd. XV 259, Nr. 9104, Jahr: 1893

Die Regierung und Wirtschaft seit 1547

870 blieb in Graf Antons Hand bis an seinen Tod 1573. Die Söhne teilten das Erbe. Der Ältere, Johann VII.[136], bekam Oldenburg mit Butjadingen, der Jüngere, Anton II.[137], Delmenhorst und Stedingen. Er war ein eifriger Wirtschafter, Pferde- und Rinderzucht und der Viehhandel lag ihm an und glückte. Auch mit der Industrie versuchte er sein Glück. Eine Eisengießerei in Varrel, Metallgewinnung in Schlutter kamen Jedoch nicht in Gang. Er hatte aber auch zwei Söhne und neun Töchter zu versorgen, die ihn alle überlebten. Er starb 1619. Sein Sohn Christian blieb un-

880 verheiratet und steuerte mit Hilfe der Mutter sein Ländchen wie sein Vetter Anton Günther in Oldenburg als Neutraler durch den 30jährigen Krieg. Zwar blieb es von Kämpfen verschont, erlitt indes von Durchzügen und Einquartierungen fremder Truppen manche Drangsale.

136 * 1540 in Oldenburg, † 1603 ebenfalls in Oldenburg
137 * 1550, † 1619

Doch wurden die Schäden wieder gebessert. Er starb
durch Sturz vom Pferd fromm und friedlich 1647, beliebt
wegen seiner Mildherzigkeit. Anton Günther regierte nun
das ganze Oldenburg bis 1667. Er kam gern in die Welsburg und nach Harpstedt zum Jagen, im Stüh hielt er Rei-
890 herjagd.

Ein Bruder Graf Gerds des Mutigen, Christian[138], war Herzog von Schleswig-Holstein und König von Dänemark
(1448), Norwegen (1450) und Schweden (1458) geworden. Seine Nachfahren erbten 1667 Oldenburg-Delmen-
horst hinzu und regierten es bis 1918. Und zwar bis 1775
in Verbindung mit Dänemark. Dann tauschte der Dänen-
könig unser Land mit einem Vetter, dem Herzog Friedrich *August* von Holstein-Gottorp[139]. So wurde die alte
Grafschaft Oldenburg 1775 ein Herzogtum und gewann
900 noch Eutin zu, denn der neue Herzog war zugleich Fürst-

138 * 1749, † 1808
139 * 1711, † 1785

bischof von Eutin. Ihm folgte 1785 sein Neffe *Peter* Friedrich Ludwig, 1829 dessen Sohn Paul Friedrich *August*[140], der Großherzog wurde, 1855 den Sohn Nikolaus Friedrich *Peter*[141], 1900 der Sohn Friedrich *August*[142], der 1918 abdankte. Bis 1945 war Oldenburg ein Freistaat, seitdem gehören wir zum "Land Niedersachsen".

Kurz das Wichtigste über diese Regierungen. In der *dänischen Zeit* regierten uns Oberlanddrosten[143], die von Kopenhagen aus geschickt wurden. Sie hielten gute Ordnung, konnten aber außer einigen Verbesserungen am Volksschulwesen wenig ausrichten, da der König für diesen kleinen und fernsten Teil seines Reiches wenig übrig hatte. Die Schlösser Delmenhorst und Harpstedt ließ er

140 * 1773, † 1853
141 * 1827, † 1900, Peter II.
142 * 1852, † 1931, der letzte regierende Großherzog von Oldenburg
143 Drost (dro[sē]te; vgl Truchseß, Vorsitzender [sāzo, Saß] einer Schar [truth]) = „in Nordwestdeutschland u. den östl. Niederlanden über einen Verwaltungsbezirk gesetzter landesherrlicher Beamter mit administrativen u. richterlichen Befugnissen

abbrechen, die Welsburg und Kloster Hude verkaufte er. Er trieb Weltpolitik, gründete Kolonien und eine starke Kriegsflotte. Im Streit mit Schweden hielt er zum deutschen Kaiser, Schweden zu Frankreich, {18} die Folge war, daß 1679 Franzosen in unser Land drangen. Zwar hielten sich Delmenhorst und Oldenburg wacker, das offene Land aber wurde geplündert, bis es 124 000 Rth[144] Brandschatzung gezahlt hatte, eine schwere Last, das Steueraufkommen eines ganzen Jahres.

Das Land hinfort besser zu schützen, wurde das Militär verstärkt. Einige Söldnerkompanien wurden in Oldenburg neu aufgestellt und im Lande eine Miliz errichtet. Da mußten alle jungen Leute sonntags nach dem Gottesdienst antreten, sommers zwei, winters eine Stunde exerzieren. In jedem Kirchdorf lag ein Offizier oder Unteroffizier, sie auszubilden. Der Gewehrschrank stand im Kirchturm. Nach der Heuernte marschierte man für einige Tage gen Oldenburg zum Manöver. 1700 kam es noch einmal zu einem feindlichen Einbruch. Die

144 = Reichsthaler

Schweden, denen damals das Land jenseits der Weser gehörte, kamen über die Ochtum, wurden aber leicht abgewehrt. 1770 gab die Regierung Preßfreiheit[145], schaffte die Folter ab und hob die Todesstrafe für Diebstahl auf. Bei der wachsenden Steuerlast (1700: 129 000 Reichsthaler auf 50 000 Einwohner, 1750: 350 000 Reichsthaler auf 80 000 Einwohner), magerer Landwirtschaft und geringem Gewerbe mußte mancher Einwohner auf Nebenerwerb bedacht sein. Auf der Delmenhorster Geest gab die Nähe Bremens Gelegenheit dazu. Unser Boden trug trefflichen Flachs, die Hausindustrie des Leinewebens blühte auf und fand in Bremen gute Abnahme. Die Bauersfrauen trugen zu Fuß Butter und Eier dorthin, Bremens Schiffe und Werften zogen viele junge Leute an. Wer lieber zu Hause blieb, konnte seit 1700 in Heimarbeit für den Bremer Weinhandel Korken schneiden. An-

145 = Pressefreiheit

dere pilgerten Sommers hinaus zum Mähen oder Witt-

950 jen[146] ins reiche Holland[147], aus der Hatter Gegend beson-

ders zur Stuckarbeit.

Die *herzogliche Zeit* hob das Land merklich. Das Militär ward vermindert, so auch die Abgaben, der Anbau von Kartoffeln und Futterkräutern eingeführt, der Flurzwang[148] aufgehoben, Moore entwässert und besiedelt,

146 = Weißen, weiß machen, weiß anstreichen mit geschlämmtem Kalk, tünchen

147 „Die Sterberegister melden seit 1699 fast jährlich einen oder zwei Hollandgänger als dort verstorben, 1777 sind es sogar 5. Auch „Schulhalter" gingen im 18. Jahrhundert zum Mähen nach Holland. Der letzte Todesfall ist 1874 verzeichnet. Die neu entstehende Industrie bot seitdem genügend Verdienst in der Heimat" (Bultmann, 1952, S. 148).

148 „Ein Bauer konnte nicht auf dem zur Winterfrucht bestimmten Schlag sein Stück Sommerfrucht bestellen, die ganze Weide= und Ernteordnung wäre dadurch gestört worden. Auch hatte manchmal nur das erste Stück der Flur Zuwegung. Der Flurzwang schrieb vor, daß der Besitzer des hintersten Stückes, der über all die anderen Stücke hinwegfahren mußte, zuerst säte und das Getreide nicht eher abfuhr, bevor die andern gemäht hatten. Ferner mußte bis zu einem bestimmten Termin alles abgeerntet sein, damit der Weidegang einsetzen

das erste an der Tweelbäke[149], dann zwischen Gruppenbühren und Schönemoor, wo Neuenlande entstand. Die
wenig genutzten Meenten begann die Regierung 1775 –
1820 an die einzelnen Genossen aufzuteilen, den 10. – 3.
960 Teil behielt sie zurück und gab ihn gegen geringe Abgaben an Siedler aus. Das waren die Brinksitzer[150], mit deren Ansetzung schon die dänische Regierung begonnen
hatte. Wer sein Teil nicht nutzte, mußte ihn mit Fuhren
besäen. Die verlotterten Forsten wurden mit tüchtigen
Forstleuten besetzt (im Hasbruch: Erdmann), die nach
Anton Günthers Tod verwahrloste Pferde- und Viehzucht
durch eine Körungsordnung[151] gehoben. Eine solide Lan-
dessparkasse wurde eingerichtet, ihre Überschüsse zu

konnte. Hier Ordnung zu halten, war Sache des
Bauernvogts, Schulte genannt, weil er über dem
Dorf schaltete. Feldgeschworene standen ihm zur
Seite" (Bultmann, 1952, S. 22).

149 = Bäk, Beke: „ein Bach ... Bak eine Quelle, und ein
Bach" (Bremische Deutsche Gesellschaft, 1767, I
Theil, S. 74)

150 s. Fn. 89

151 Körung = Kören (niederdeutsche Form von küren):
beurteilen, wählen; „männliche Haustiere nach be-

milden Zwecken verwandt. Versorgung der Armen, Wit-

970 wen und Waisen, bisher in der Regel der Kirche überlas-

sen, linderte vielen Kummer. Eine Landes-{19}Biblio-

thek, Gemäldesammlung, der Schloßgarten, Reform des

Gymnasiums, vor allem seit 1792 Ausbildung von Volks-

schullehrern, die 1807 zum Bau des Lehrerseminars

führte, hoben den Bildungsstand im Lande. Die Straße

Bremen—Delmenhorst—Oldenburg ersetzte gradlinig

die Friesenstraße und wurde 1790—1830 gepflastert,

seitdem ging täglich eine Fahrpost. 1825—1836 wurde

auch die Wildeshauser Straße gepflastert. Fast alles ver-

980 dankte man dem Herzog Peter[152], der sich mit seltener

Hingabe dem Wohl seines Volkes widmete und fleißig

das Land durchritt, um alles gründlich kennenzulernen.

Der Erfolg blieb nicht aus. Vergleichen wir einen Reise-

bericht aus dänischer mit einem aus des Herzogs Zeit.

stimmten Kriterien zur Zucht auswählen" (Wissenschaftlicher Rat & Mitarbeiter der Dudenredaktion,
1978, Bd. 4, S. 1557)

152 * 1755 in Riesenburg, † 1829 in Wiesbaden

1753: Delmenhorst: die kleine Stadt ist sehr schlecht, besteht in der Länge nur aus einer Gasse, die einen stumpfen Winkel bildet. . . . Von dem Schloß an der Delme ist nur noch ein runder Turm da. Die ganze Grafschaft sieht einer Wüstenei ähnlicher als einem angebauten Lande.

990 Fast alles ist Heide und Bruch, echtes Froschland. Der Torf ist hier das Beste; der oberste mit darauf gewachsenem Grase wird dünn in Quadraten, welche Plaggen oder Schollen heißen, gestochen . . . . . Die Wände der Scheunen und z. T. der Wohnhäuser dieser wüsten Gegenden sind meistens von dünnen Ästen in die Quere wie Zäune geflochten. 1778 heißt es schon anders: "Auf dem Wege nach Oldenburg über Delmenhorst sind die Heiden, in denen viel Torfland liegt, sehr wohl kultiviert." Als der Herzog zu Gunsten Bremens den Weserzoll aufgeben mußte,

1000 bekam er dafür die Ämter Wildeshausen, Vechta, Kloppenburg und Friesoythe[153]. Da schrieb ein angesehener

153 Vrysoyte (1322) aus vry und Oyte oder lat. Oytha frisica, dt. Vresoyta (1447), Freizoithe (1508), Vresoyth (1532), Frieß Oitha (1582), Friesoit, Freisoit und Freysoitta (17. Jh.); s. Keyser, 1952

Münsterländer: Die bischöfliche Verwaltung in Münster
hat uns stiefmütterlich behandelt. "Jetzt aber geht mei-
nen Landsleuten ein neuer Stern auf. . . . Wir sind einer
glücklichen Zukunft nahe, umso mehr, da unser Landesherr alle Menschen wie seine Brüder und alle Untertanen
wie seine Kinder betrachtet." Die Einwohner freuten
sich, daß sie nicht an Hannover oder Preußen, sondern
an Oldenburg gefallen waren. Ein preußischer Staats-
1010 mann Gruner schreibt 1800: „ . . . ein aufgeklärter, fort-
schrittlicher Geist beseelt die ganze oldenburgische Lan-
desverwaltung, Kirche, Schule, Justiz. Das Wohl des ganzen Landes zu fördern, ist der Herzog Peter Friedrich
Ludwig bestrebt. Ein seltener, ein edler Fürst[154] in der
höchsten Bedeutung des Wortes, gleich verehrungswür-
dig als Mensch und als Regent. Mit unermüdeter Tätig-
keit sorgt der für das Glück seiner Länder, liest alle Ein-
gaben selbst, entscheidet mit tiefer Einsicht, jeder findet

154 mittelhochdeutsch vürste, althochdeutsch furisto,
   = „der Vorderste, Erste, Vornehmste" (s. Wissenschaftlicher Rat & Mitarbeiter der Dudenredaktion,
   1976, Bd. 2, S. 923)

zu aller Zeit Zutritt zu ihm . . . . . . Unter Deutschlands Staaten sind wenige wie dieser, weil wenige Fürsten sind wie
dieser. O, daß sie es wären! Daß alle der Geist dieses
Fürsten beseelte! Daß das Schicksal dieses glücklichen
{20} Ländchens: Gemeinsinn, Ordnung, gegenseitiges
Vertrauen, Gerechtigkeit und Treue das Los ganz
Deutschlands würde! Wie ein Vater unter Kindern lebte
der Herzog ohne drückenden Rang und Etikette friedlich
und schlicht."

Obgleich Herzog Peter unumschränkter Herr im Lande
war (Diktator, Autokrat), erlag er nicht wie so viele andere seinesgleichen der Versuchung, das Seine zu su-
chen, sondern war ein echter Landesvater, der seine Be-
dürfnisse aufs Äußerste einschränkte und dem Volke auf-
half, ohne ihm neue Steuern aufzulegen. Dabei waren die
Lasten durch Napoleons Tyrannei schwer genug geworden, besonders 1811—1815, als Nordwestdeutschland
bis Hamburg hin französisch wurde und der Herzog zu
seinem Vetter, dem russischen Zaren, fliehen mußte.
Dankbar sollte auch heute noch jeder Oldenburger sein

schlichtes Denkmal betrachten, das am Schloßplatz in
Oldenburg steht[155], und beten, Gott möge dem armen
Deutschland solche Männer wieder erwecken.

Die Kriegszeit von 1792—1815 gab unserer vom Herzog
so trefflich geförderten Landwirtschaft infolge der Hee-
reslieferungen guten Verdienst. Davon zeugen noch manche stattlichen Bauernhäuser, die gerade in jenen Jahren
errichtet sind. Freilich ließen sich auch viele Bauern
durch die hohen Preise zum Schuldenmachen verleiten.
Als dann 1816—1830 der Rückschlag kam, gingen sie in
Konkurs. So ist in diesen Jahren die Hälfte der Stellen in
andere Hände geraten. Als dann wieder bessere Zeiten
kamen, ging es bei uns doch nur langsam aufwärts, weil
der alte Herzog 1829 gestorben war und sein Sohn, nun
"Großherzog" auf großem Fuß leben wollte. Die Hofhaltung wurde erheblich vergrößert. Auch hatte er eine Vor-
liebe für Theater und Militär.

Zwar persönlich wohlwollend und gutmütig, wollte

155 eingeweiht am 6. Juli 1893

Großherzog August doch nichts von einer Volksvertretung wissen, wie sie in den Freiheitskriegen verheißen
und in vielen deutschen Staaten eingeführt war, auch
1060   wiederholt von seinen Untertanen erbeten wurde. So
mußte denn mancher Fortschritt unterbleiben, immer-
hin kam es zu keiner ungerechten Verfolgung der "Demo-
kraten" wie in Hannover und Preußen.

So blieb das Leben auf unserer Geest trotz fleißiger Quäl-
arbeit in ganz bescheidenen Verhältnissen. Herde und
Lampen gabs nicht. Man kochte am offenen Feuer den
Eintopf, der am Kesselhaken hing. Selten schwamm ein
Stück Speck oder Fleisch darin. Wurst und Schinken ver-
handelte man noch bis in die 90er Jahre nach Bremen, so
1070   auch Butter und fast alle Eier. Auf Brot (nur sonntags mal
"Stuten", d. h. Weiß- oder Graubrot) strich man {**21**}
Schmalz oder Quark ("witten Kees[156]"), und trank dazu
Cichorienbrühe[157]. Abends gabs Buttermilchsuppe mit

156 = weißen Käse
157 Zichorie (Wegwarte), Kaffeeersatz

Grütze oder Graupen (Schillgassen[158]), dazu magere Bratkartoffeln in Leinöl. Etwas Abwechslung gab die Bienenzucht, die bei den weiten Heideflächen und günstigem Wetter etwas einbrachte. Zwieback[159] und Brötchen brachte (alt!) die Botenfrau aus Delmenhorst. Die Eimer waren aus Holz, Besen aus Heide (Heidbessen), Ginster (Brahm[160]) oder Birkenreisig (Riesbessen), Körbe aus Haselnußbügeln und Weidenzweigen stellte jeder Haushalt selbst her. Heidschnucken lieferten grobe Wolle, die man zu Strümpfen und Unterkleidung verarbeitete. Aus selbstgebautem Lein spann, wob und bleichte man sein Linnen[161] zu Leib- und Bettwäsche, für Oberkleider und Schürzen mit einem Zusatz von Baumwolle; Dullaken[162].

158 Perlgraupen, Gerstengrütze

159 zwie = zwei, zweimal gebacken; nach dem Backen geröstet, um das Brot trocken und damit haltbar zu machen

160 auch Rehkraut oder Besenpfrieme, Besenginster (spartium scoparium)

161 = Leinen

162 Für die Festtagskleidung und die Kleidung der Wohlhabenderen können wir uns die Wämser aus

Ein Blaufärber färbte und bedruckte es in Handarbeit. An den langen Winterabenden kamen die Frauen und Mädchen nachbarschaftlich mit ihren Spinnrädern zusammen. Das Spulen des Garns pflegten die Kinder zu besorgen. Der Drechsler stellte Spinnrad und Haspel her, der Stellmacher den Webstuhl, den dazugehörigen Kamm, zwischen dessen Zähnen die aufgespannten Fäden des Gewebes laufen (Kette, Aufzug), lieferte der Kammacher. Auf dem Brautwagen, der die Aussteuer der Braut ins neue Heim fuhr, stand als Hauptstück "de Kuffer[163]" (Truhe), gefüllt mit Linnen, das sie selbst gesponnen, zu oberst ein bunt geschmücktes Spinnrad und eine Wiege. Zum Jahrlohn der Magd (10 – 30 Reichsthaler) gehörten allemal mehrere Bund Flachs, den sie während der Dienstzeit verarbeiten durfte, dazu eine Sonntags- und

dunkelblauem Wolltuch oder aus Wollaken ausmalen. Letzteres war ein Gewebe aus Wollgarn-Einschlag und flächsernem Scheergarn. Eine Abart davon war Dullaken, das für Beinkleider Verwendung fand" (Grote, 2004; Heimatverein Oyten, 2013

163 eigentlich = Koffer

eine Alltagsschürze. Knechte verdienten außer dem Bar-
lohn ein Paar Stiefel, ein blaulinnenen Jumper[164] und eine
dullaken Hose, dazu Wollgarn für Socken und Hand-
schuhe, die sie sich selbst strickten. Für stricken sagte
man breien, für Strümpfe: Hasen[165].

Vor Frühstück hörte man nach der Ernte das traulich-
muntere Klappern der Dreschflegel[166] von den Dielen, wo
man im Takt eine Lage Garben, wenns drock[167] war auch
1110 2 bis 3 ausdrosch. Da holte man sich Hunger und Gelen-
kigkeit, ein gesunder Frühsport, und je mehr Drescher

164 = Pullover

165 „Unsere Vorfahren mögen ein Paar Hasenfelle, wel-
che gerade die Grösse eines Beins haben, statt der
Strümpfe gebraucht haben. Gleicher Gestalt lässt
sich vermuten, daß Bokse, oder een paar Boksen
[Unnerbüchs = Unterhose), eine Hose, von dem
Bockfelle, woraus sie gemacht werden, den Namen
empfangen haben" (Bremisch-Niedersächsische
Gesellschaft, 1767, II Theil, S. 601).

166 Flegel, zu lat. flagellum = Geißel, Peitsche; Dreschflegel = Handgerät zum Dreschen (Körner aus etwas herauslösen)

167 = eilig, viel zu tun

antraten, desto lustiger klang es. Die Kinder trieben unterdes das Vieh zur Weide, hüteten es, denn Einzäunungen gab es noch nicht, und trieben es nach zwei Stunden
wieder ein, denn um 9 Uhr begann die Schule. Sie währte
bis 12 Uhr. Der Nachmittag wurde wieder auf der Weide
zugebracht, wo man neben dem Hirtendienst auch die
Schulaufgaben erledigte. Mit der Dämmerung zogen
dann Kinder und Vieh unter lustigem Peitschenknallen
von allen Seiten wieder ins Dorf. Die meisten hatten nur
1 bis 2, einige 3 bis 4 Stück Vieh zu hüten, ich wüßte nicht,
daß einer meiner Kameraden je mehr als 6 gehabt hätte,
jedenfalls {**22**} waren das Ausnahmefälle. Wer als Kuhjunge sommers beim Bauern diente, bekam außer freier
Station anfangs der 90er Jahre 6 bis 8 M, dazu eine Hose.
Im Winter war er wieder zu Hause, denn mit dem Weidegang wars aus, und die Schule nahm ihn jetzt auch nachmittags 13 bis 16 Uhr in Anspruch, nur nicht mittwochs
und sonnabends. Schulentlassen ging mancher strebsamer Junge nach Amerika, denn vor 1900 war das Vorwärtskommen bei uns schwer. Es gibt kaum eine Familie

auf unserer Geest, die nicht mindestens einen Verwandten drüben hat[168].

Das Auswandern kam um 1850 recht in Schwung, weil
bei uns die Bevölkerung wuchs, aber nicht die Arbeitsge-
legenheit. Die meisten sind drüben Farmer geworden
und gut vorangekommen, aber auch als Handwerker o-
der Geschäftsmann glückte es jedem, der sich rühren
mochte. Früher hatte man als Seemann oder Hollandgän-
1140 ger verdienen können. Nach 1870 verdrängte der Damp-
fer das Segelschiff. Damit sank der Bedarf an Seeleuten.

168 „Daß auch die Auswanderung nach Amerika seit
1848 in unserer Gemeinde Platz griff, ist bekannt.
Die meisten unserer Leute sind drüben Farmer geworden. Wurden die Zeiten besser, so fiel die Zahl
der Auswanderer, so besonders 1900—1914,
nachher stieg sie wieder. Die erfolgreichsten Auswanderer waren Hinrich Hackfeld aus Almsloh
1821—87, der auf Honolulu ein weitgespanntes
Geschäft eröffnete, und Herm. Hagestedt aus Habbrügge, der in Lima ein Kaufhaus aufbaute. Hackfeld starb 1887 in Bremen, seine Erben errichteten
eine Stiftung, deren Zinsen zur Fortbildung von
Jungens aus der Gemeinde dienen. Das Kapital be-
trug zuletzt 120 000 M" (Bultmann, 1952, S. 149).

Holland ging vom Ackerbau zum Gemüsebau über. In der Heimat kam die Industrie auf. In Delmenhorst begann 1871 die Jutespinnerei, 1882 die Linoleumfabrik, 1884 die Wollkämmerei. Damit stieg die Bautätigkeit. Ihr wandten sich nun unsere jungen Leute als Maurer und Zimmerleute zu, denn die Fabrik zahlte geringen Lohn. Aber wie mühsam blieb noch der Erwerb. Früh um 5 Uhr mußte man mit dem Essenskessel 1 bis 2 Stunden zu Fuß zur Arbeit und kam gegen 7 bis 8 Uhr abends müde heim. In den 70er, 80er Jahren mußte dann mancher noch die Bahn bis Bremen benutzen. Andere, die nur in Wilhelmshaven, Bremerhaven oder Oldenburg Arbeit fanden, mußten sich dort in Kost geben und mit einem Wochenend bei Weib und Kind begnügen. Wer in Oldenburg arbeitete, kam und ging dann zu Fuß, um das Fahrgeld zu sparen.

Die neue Zeit,

1160 damit meine ich das bessere Verdienen und leichtere Leben, kam erst nach langen, mühsamen und entbehrungsreichen Jahrzehnten in unsere Gegend. Wir verdanken das der emsig forschenden Wissenschaft, durch die Maschinenbetrieb und Verkehrsmöglichkeit sich immer schneller entwickelten, auch der Strebsamkeit unserer Unternehmer. Seit 1898 erleichterte die Bahn Delmenhorst—Wildeshausen die Arbeitswege der Lohnarbeiter; diese organisierten sich und errangen angemessene Löhne. Fast gleichzeitig blühte die Landwirtschaft auf,

1170 weil der Kunstdünger ihr zur Hilfe kam, auch die Bahn Bezug und Absatz erleichterte. Nun konnte sie beides, die Nutzfläche vergrößern, den Ertrag steigern. So kann man sagen, daß aus der einst so mageren Geest mit ihrem kümmerlichen Lebensstand ein blühendes Land geworden ist. Aber die äußeren Umstände haben es nicht allein geschafft. Der {23} Fleiß und die Sparsamkeit der Einwohner trugen das meiste zu dem Aufschwung bei. Das mag einer daran merken, daß zwei schwere Kriege und

der folgende Geldschwindel den Aufstieg nur wenig hem-
men konnten. Vergeßt aber nicht, die ihr dies lest, zweierlei:

1. Seit den Tagen, da der Urmensch, dem Sturm und dem
Eise trotzend, sein Leben wider grimme Wölfe, Bären
und Auerochsen einsetzte, haben viele Geschlechter mit
Urwald und Unkraut, mit Brand und Mord, mit Seuchen
und Hunger gerungen, damit ihr heute in Gemächlichkeit
eures Lebens froh werden könnt.

2. Wir haben den schuldigen Dank dafür zu erstatten, indem wir den kommenden Geschlechtern unversehrt, ja
womöglich noch verbessert, weitergeben, was wir empfangen haben: unsere Heimat. {24}

Us Heimatleed

Min schöne Delmenhorster Geest,
Wat hew ik di so leew.
Du büs for mi dat Allerbest,
Wat äwerall woll geew.
Du büs min leewet Heimatland,
Dor holt mi fast en hartlich Band,
Ja dor is dat schön!

In't Tal dor loppt de blanke Bäk,
Upn Barg, dor dreiht min Möhl,
Int Holt dor steit de dicke Ek,
Dor gifft ok Freud so veel:
De Blomen bleuht, de Kukuk schreet,
De Nachtigal de singt so söt,
Ja wat ist dat schön!

Un vor mi lacht een Roggenmeer:
Nu roppt de Tütjeblick.
Up Guntfiet daußt de Käuh und Peer,
Dor twuschen Wall un Riek.
Dot liggt min Dorp, dor geiht mi god,
Dor steiht min School, dor wurd ik grod.
Ja wat is dat schön!

1220

Wat giff dat dor for gode Lühr,
So hartlich un so froh,
De Deerns so moj, so glatt un schier,
Un stramme Jungs dorto.
Un Jungs un Deerns, de singt so schön,
Un wenn se daußt, ji schullet is sehn,
Ja wat ist das schön!
Min schöne Delmenhorster Geest,

Wat hew ik di so leew.
Du bis for mi das Allerbest,
was überall woll geew.
Du büs min Paradies up Eern
Dor mag ich we'n so geern, so geem,
Ja dor ist dat schön!

Holzkamp, 1910
Heinrich Petermann

Literatur

Bächthold-Stäubli, H. (Hrsg.). (1930). *Handwörterbuch des deutschen Aberglaubens* (Bd. 2). Berlin: Walter de Gruyter.

Bahlow, H. (1985). *Deutschlands geographische Namenswelt. Etymologisches Lexikon der Fluss und Ortsnamen alteuropäischer Herkunft.* Berlin: suhrkamp.

Buchenau, F. (1862). *Die freie Hansestadt Bremen und ihr Gebiet.* Bremen: Schünemann.

Bultmann, F. (1952). *Geschichte der Gemeinde Ganderkesee und der Delmenhorster Geest.* Delmenhorst: Rieck.

Bremische Deutsche Gesellschaft. (Hrsg.). (1767). *Versuch eines bremisch-niedersächsischen Wörterbuchs* (I. Theil A—F). Bremen: G. L. Förster.

Bremische Deutsche Gesellschaft. (1767). *Versuch eines bremisch-niedersächsischen Wörterbuchs* (II. Theil G—K). Bremen: G. L. Förster.

Bremische Deutsche Gesellschaft. (1768). *Versuch eines bremisch-niedersächsischen Wörterbuchs* (III. Theil L—R). Bremen: G. L. Förster".

Bremische Deutsche Gesellschaft. (1770) *Versuch eines bremisch=niedersächsischen Wörterbuchs* (IV. Theil S). Bremen: G. L. Förster.

Dähnert, J. C. (1781). *Platt=Deutsches Wörter=Buch.* Stralsund: C. L. Struck.

Derichsweiler, H. (1868). *Der Stellingabund: Zur Geschichte der Vernichtung gemeiner Freiheit durch die*

Lehnsaristokratie im IX. und X. Jahrhundert. Köln: E. H. Mayer.

Gemeinde Ganderkesee. (Hrsg.). (1966). *Die Kirche zu Ganderkesee*. O. O.: Autor.

Grimm, J & Grimm, W. (1854). *Deutsches Wörterbuch* (Bd. 1). Leipzig: Hirzel.

Grimm, J & Grimm, W. (1860). *Deutsches Wörterbuch* (Bd. 2). Leipzig: Hirzel.

Grimm, J & Grimm, W. (1862). *Deutsches Wörterbuch* (Bd. 3). Leipzig: Hirzel.

Grimm, J. & Grimm, W. (1878). *Deutsches Wörterbuch* (Bd. 4). Leipzig: Hirzel.

Grimm, J & Grimm, W. (1877). *Deutsches Wörterbuch* (Bd. 10). Leipzig: Hirzel.

Grimm, J & Grimm, W. (1873). *Deutsches Wörterbuch* (Bd. 11). Leipzig: Hirzel.

Grimm, J & Grimm, W. (1889). *Deutsches Wörterbuch* (Bd. 13). Leipzig: Hirzel.

Grimm, J. & Grimm, W. (1893). *Deutsches Wörterbuch* (Bd. 14). Leipzig: Hirzel.

Grimm, J. & Grimm, W. (1899). *Deutsches Wörterbuch* (Bd. 15). Leipzig: Hirzel.

Grimm, J. & Grimm, W. (1942). *Deutsches Wörterbuch* (Bd. 20). Leipzig: Hirzel.

Grimm, J. & Grimm, W. (1922). *Deutsches Wörterbuch* (Bd. 27). Leipzig: Hirzel.

Grote, J. (2004). *800 Jahre Oyten. Besiedlung und Entwicklung eines Geestdorfes*. O. O.: Autor.

Heimatverein Oyten. (2013). *800 Jahre Oyten. Besiedlung und Entwicklung eines Geestdorfes – von Johann Grote. Online Ausgabe.* Zugriff am 19.09.2017, verfügbar unter http://www.heimatverein-oyten.de/downloads/800_Jahre_Oyten.pdf

Keyser, E. (Hrsg.). (1952). *Niedersächsisches Städtebuch.* Stuttgart: Kohlhammer.

Lübbing, H. (1976). *Die Rasteder Chronik 1059 – 1477.* Oldenburg: Holzberg.

Meyer, U. (1952). *Hinter der Maske ist unter der Kappe – 1000 Jahre Ganderkeseer Fasching.* Ganderkesee: Plie & Spiejoekenmaker.

Müller, G. (1989). *Wallhecken. Entstehung-Pflege-Neuanalage am Beispiel der Gemeinde Ganderkesee.* Wardenburg: BSH.

Müller, G. (2002). *Kleine Namenserklärung aus dem Niederdeutschen mit den Orts= & Bauernschaftsnamen der Gemeinde Ganderkesee.* Ganderkesee: Autor.

Müller, G. (2009). *Was ist ein Schlatt. Entstehung – Entwicklung – Zustand und rechtliche Hinweise.* Ganderkesee: Autor.

Müsegades, K. (1972). *Schönemoor im Wandel der Zeiten.* Delmenhorst: Rieck

Verein für Mecklenburgische Geschichte und Altertumskunde. (Hrsg.). (2010). Mecklenburgisches Urkundenbuch (Bd. XV 259, Nr. 9104, Jahr: 1893). Schwerin: Stiller

Willoweit, W. (2005). *Deutsche Verfassungsgeschichte. Vom Frankenreich bis zur Wiedervereinigung Deutschlands* (5. Aufl.). München: C. H. Beck.

Wissenschaftlicher Rat und Mitarbeiter der Dudenredaktion. (Hrsg.). (1976). *DUDEN. Das große Wörterbuch der deutschen Sprache in sechs Bänden* (Bd.1). Mannheim: Duden.

Wissenschaftlicher Rat und Mitarbeiter der Dudenredaktion. (Hrsg.). (1976). *DUDEN. Das große Wörterbuch der deutschen Sprache in sechs Bänden* (Bd.2). Mannheim: Duden.

Wissenschaftlicher Rat und Mitarbeiter der Dudenredaktion. (Hrsg.). (1977). *DUDEN. Das große Wörterbuch der deutschen Sprache in sechs Bänden* (Bd.3). Mannheim: Duden.

Wissenschaftlicher Rat und Mitarbeiter der Dudenredaktion. (Hrsg.). (1978). *DUDEN. Das große Wörterbuch der deutschen Sprache in sechs Bänden* (Bd.4). Mannheim: Duden.

Wissenschaftlicher Rat und Mitarbeiter der Dudenredaktion. (Hrsg.). (1980). *DUDEN. Das große Wörterbuch der deutschen Sprache in sechs Bänden* (Bd.5). Mannheim: Duden.